# UMBANDA
UM ENCONTRO DA DIVERSIDADE RACIAL

---

Uma instituição a serviço do bem

*A Umbanda é
uma bigorna que tem
quebrado muitos martelos.*

Dados Internacionais de Catalogação na Publicação (CIP)
(Câmara Brasileira do Livro, SP, Brasil)

D'Ogun, Saul
   Umbanda: um encontro da diversidade racial: uma instituição a serviço do bem / Saul d'Ogun; coordenação editorial Diamantino Fernandes Trindade. – 1ª ed. – São Paulo: Ícone, 2011.

   Bibliografia
   ISBN 978-85-274-1173-8

   1. Umbanda (Culto)   I. Trindade, Diamantino Fernandes.
II. Título.

11-01939                                                    CDD-299.6

Índices para catálogo sistemático:

1. Umbanda: Religião afro-brasileira            299.6098

Saul d'Ogun

# UMBANDA
UM ENCONTRO DA DIVERSIDADE RACIAL

---

Uma instituição a serviço do bem

Coordenação editorial
Diamantino Fernandes Trindade

1ª edição
Brasil – 2011

© Copyright 2011
Ícone Editora Ltda.

**Coordenação editorial**
Diamantino Fernandes Trindade

**Capa e miolo**
Richard Veiga

**Revisão**
Saulo C. Rêgo Barros
Juliana Biggi

Proibida a reprodução total ou parcial desta obra, de qualquer forma ou meio eletrônico, mecânico, inclusive mediante processos xerográficos, sem permissão expressa do editor (Lei nº 9.610/98).

Todos os direitos reservados à
**ÍCONE EDITORA LTDA.**
Rua Anhanguera, 56 – Barra Funda
CEP 01135-000 – São Paulo – SP
Tel./Fax.: (11) 3392-7771
www.iconeeditora.com.br
iconevendas@iconeeditora.com.br

# Dedicatórias

Ao Pai Ronaldo Linares.

Aos meus padrinhos Jorge Verardi – um Xangô na Terra –, Dr. Antônio José Salvador (Yemanjá), Rubens de Xapanã – companheiro de caminhada no programa "A Voz da Umbanda".

Aos filhos primogênitos na religião que muito me ensinaram, Adílio de Ogum, Vitalino de Oxum, Antônio Biffi de Ogum, Altair de Odé, Eroni de Yemanjá, João de Ogum (Ribas), Gilberto de Oxalá, Márcio de Bara, Duda de Yansã, Itamar de Odé.

A minha sogra Dona Olivia (Araranguá).

Aos amigos Dr. Douglas Vieira (de Ogum), Diames de Ogum, Lia de Yansã, Victor de Xangô.

A Jane de Oba, guerreira que lutou pela Umbanda e agora luta para se recuperar de sua enfermidade.

Ao maior legado deixado por Lauro de Oxum e Fabiano de Oxum.

A Luiz de Oxalá, a primeira grande obrigação pelo Nação.

A Antenor Santilino Miguel – simplicidade e bondade (*In Memorian*).

# Agradecimentos

Ao meu orixá Ogum que sempre me conduz pelo melhor caminho, e à minha mãe Yansã protetora nas horas mais difíceis.

Às entidades Ogum Beira-mar, Estrela-do-Mar, Pai José de Angola, Tunico Velho de Moçambique, Tia Maria, seu Sete Cadeados do Cemitério, Rosa Vermelha e Maria Padilha das Almas, meus mais sinceros agradecimentos pela proteção e direção na Casa Branca.

Ao senhor Sete Encruzilhadas, mestre e amigo nesta encarnação.

À minha esposa Tânia de Yemanjá, inseparável companheira de todas as horas.

Aos filhos Anael de Odé e Nitael de Xangô, companheiros na minha luta.

Ao mestre Omolubá, sempre cumprindo o papel de pai.

Ao vereador e amigo Edio Elói Frizzo, companheiro de luta pela causa umbandista.

A Ivan de Xangô, irmão e guerreiro de Xangô nesta caminhada religiosa.

A Suzy, uma Obá na Terra, amiga e irmã de alma.

Ao filósofo Sérgio Ubirajara, amigo e ferrenho militante em defesa da religião.

Meus agradecimentos a toda a corrente mediúnica da Casa Branca, companheiros de jornada pela Umbanda.

**In Memorian:**

Minha mãe carnal Maria Cardoso Andrade de Medeiros, luz em minha vida.

Meu pai José de Medeiros Sobrinho, exemplo de trabalho e retidão.

Meu irmão carnal Babalorixá Lauro de Oxum, o motivo de eu estar na Umbanda; meu respeito e admiração.

Minha saudosa Yalorixá Taia de Xapanã, pelos ensinamentos e incentivos em minha caminhada religiosa.

Ao Dr. Eduardo Koff, amigo e legítimo filho de Xapanã.

# Apresentação

L i, reli e treli. Refiro-me aos originais de *UMBANDA – UM ENCONTRO DA DIVERSIDADE RACIAL*. Sinto sinceramente que, no futuro, haverá mais leituras. O livro é objetivo, instigante, sobretudo, inteligente e corajoso!

O autor é autêntico. Saul d'Ogun tem autoridade para *olhar* com vastidão o panorama em que se estende a religião de Umbanda no Brasil. Não só na liturgia, como, também na sua incipiente formação administrativa nos dias atuais.

São dezessete capítulos, escritos com desenvoltura, imparcialidade e lógica, apontando erros e acertos locais, criados naturalmente pela ação de Sacerdotes, quase sempre sem preparo teológico e gestão de negócios. Afinal, o templo é também uma empresa, que cumpre obrigações sociais e comerciais.

Considero que, nesses últimos dez anos, a literatura umbandista, com raras exceções, tem sido fraca, fantasiosa, nada veraz. Nada diz do que **é** e do que **somos**. Autores de gabinete, pesquisadores, entusiastas, mas que não cobrem, verdadeiramente, as lacunas da realidade religiosa da única religião nascida no Brasil! Saul d'Ogun está de parabéns! Judiciosa são suas palavras: "... prevendo um futuro promissor para a Umbanda, e sabendo que muito foi feito em seu nome. Sabemos, também, que muito mais ainda há por fazer".

Não vou destacar a preciosidade dos capítulos. Todos são bem enfocados. Que fique a cargo do leitor inteligente essa tarefa de contestar, discutir, detalhar com percuciência os assuntos abordados. Essa é a obrigação do leitor lúcido e capaz.

Viver é aprender! O livro *Umbanda – um encontro da diversidade racial* é um manancial de verdades que temos de ouvir, se quisermos realmente saber o que somos e o que seremos capazes de fazer em prol da Umbanda, uma manifestação lídima do Espírito para a caridade.

Parabéns Babalorixá Saul d'Ogun! A Estrada do nosso glorioso Pai é toda sua e dos que tiverem coragem para caminhar!

*Irmão e amigo Omolubá*

Um século de existência, do ponto de vista histórico, pode parecer pouco, especialmente para uma análise mais aprofundada de um fato social ou de um tema tão complexo, como o surgimento de uma nova religião.

Tais dificuldades, em vez de abalar nosso apresentado, pelo contrário, como tudo em sua vida, lhe foi colocado como um novo desafio, do qual se desincumbiu com maestria e competência digna dos maiores elogios.

Assim é **Saul de Medeiros**, assim o conheço e o distingo, com a marca da ousadia e da coragem, que só está presente em pessoas diferenciadas, além do amigo e conselheiro de todas as horas.

**Saul,** além de ser uma liderança religiosa reconhecida, especialmente no meio umbandista brasileiro, é um profundo estudioso e conhecedor das doutrinas e dos ritos religiosos de nosso tempo, e de um modo especial das religiões de matriz africana. A busca do sagrado, da comunicação com os espíritos e da forma como as entidades se manifestam na perturbação da ancestralidade exige de quem se coloca perante tal desafio muita perseverança e também estar preparado para a polêmica, para a discussão e, muitas vezes, para a intolerância, a incompreensão e o preconceito. Por conhecer, e bem, **Saul de Medeiros,** sei de sua preparação e de sua capacidade para "o bom combate".

A figura do **Caboclo das Sete Encruzilhadas** se apresenta no universo religioso como uma manifestação completamente diferenciada do que até então se conhecia ou se cultivava enquanto manifestação de fé, **como símbolo de uma nova crença** baseada na superação de uma divisão humana artificial, com um caráter pluralista, compreendendo a diversidade e valorizando as diferenças, diferentemente das antigas religiões que sempre tiveram como paradigma a divisão entre os diversos extratos sociais. Esse sincretismo que caracteriza as práticas umbandistas fica plasmado na obra em análise, e tem por pano de fundo a preocupação não só do estudioso ou do conhecedor, mas do sacerdote, em amalgamar, dar unidade a essa religião brasileira de nascença, enquanto síntese da postura e da visão de vida de um povo diferenciado, produto da mistura de etnias, que desconstrói o preconceito de cor e de classe social e que faz a junção das diversas etnias que compõem a raça humana. Uma religião que, como dizia o médium Zélio Fernandino de Moraes, falará aos humildes, simbolizando a igualdade que deve existir entre todos os irmãos, encarnados e desencarnados. "**Não haverá caminhos fechados para mim.**" Saravá.

*Vereador Edio Elói Frizzo*

# Sumário

INTRODUÇÃO, **19**

PALAVRAS INICIAIS, **27**

CAPÍTULO **1**
Umbanda tupiniquim, **31**

CAPÍTULO **2**
Espiritismo umbandista, **39**

CAPÍTULO **3**
Simplesmente Umbanda, **43**

CAPÍTULO **4**
Unicamente Umbanda, **49**

CAPÍTULO **5**
Os sacramentos na Umbanda, **53**

CAPÍTULO **6**
Umbanda – um caminho para a ressurreição, **57**

CAPÍTULO 7
Os terreiros, 65

CAPÍTULO 8
Associações e federações de Umbanda, 71

CAPÍTULO 9
Exu na Umbanda, 75

CAPÍTULO 10
Umbanda – uma religião monoteísta, 83

CAPÍTULO 11
Os quatro pilares do conhecimento na Umbanda, 87

CAPÍTULO 12
Umbanda – uma instituição a ser entendida, 91

CAPÍTULO 13
O umbandista é um estrangeiro em sua pátria, 95

CAPÍTULO 14
Umbanda – um encontro da diversidade racial, 101

CAPÍTULO 15
Eventos na Umbanda, 105

CAPÍTULO 16
Sacerdócio na Umbanda, 109

CAPÍTULO 17
Umbanda em tempo de história, 113

PALAVRAS FINAIS, 123

BIBLIOGRAFIA, 127

*Zélio Fernandino de Moraes*

*Pai Antônio*

*Caboclo das Sete Encruzilhadas*

# Introdução

Este livro tem um objetivo definido. Promover uma reflexão sobre alguns aspectos pertinentes a nossa realidade umbandista. Tomando como ponto de partida a dificuldade que ainda encontramos para trabalhar em nome da Umbanda, e sermos aceitos enquanto instituição religiosa.

Procuramos também fazer um ensaio crítico sobre as várias práticas que a Umbanda ainda reúne entre alguns representantes. As conclusões expostas neste trabalho podem auxiliar alguns estudiosos da Umbanda, possibilitando, inclusive, uma ampliação do que foi até então colocado nesta obra. Ou, outra possibilidade, de serem refutadas algumas considerações expostas por discordância. De qualquer forma, tanto uma quanto a outra possibilidade trarão contribuições efetivas e enriquecedoras para a Umbanda, por possibilitar um repensar sobre nossa religião, esta é principal intenção do autor.

Esta proposta de induzir o leitor à reflexão, em certo sentido, acreditamos privilegiar mais aqueles que são estudantes da Umbanda, por estes estarem, em tese, introjetando seus primeiros conhecimentos, e logo poderem contribuir para afastar alguns vícios e equívocos adquiridos por alguns, ao longo de anos de práticas, sem a preocupação de reciclagem na Umbanda.

Em relação a esses problemas que não são poucos, procuramos nos pautar por uma proposta pedagógica. Seria utópico imaginar que existe uma única e coerente prática do ritual da Umbanda baseado na tradicional raiz de Zélio Fernandino de Moraes. Infelizmente, são, ainda hoje, muitas as correntes que se apresentam em nome desta importante religião.

E esta confusão gera uma questão que passa a ser de primeira ordem, para aquele leitor que pretende esclarecer realmente do que se trata a Umbanda. De modo que é nossa intenção compartilhar essas reflexões sobre as várias instâncias do movimento umbandista nesses cento e dois anos de existência. Evidentemente que a ideia é desenvolver tentativas em busca de soluções para os vários impasses que se apresentam de forma viral na estrutura da Umbanda.

Há muito tempo nos questionamos sobre estas questões. E a iniciativa de escrever visa também a fazer uma releitura da Umbanda enquanto instituição material, que precisa de bons gestores para promover um bom desenvolvimento estrutural dos Templos. Trabalhar com uma perspectiva de tentar achar um caminho para melhorar a entidade Umbanda não é algo fácil, e sabemos o quanto será necessário para percorrer este caminho, a experiência de longos anos nos permite esta percepção.

A Umbanda cresceu muito a partir da manifestação do Caboclo das Sete Encruzilhadas, com grande quantidade de templos e teorias doutrinárias. Muitos autores, cada um com seu enfoque particular e, muitas vezes, tentando se apropriar da Umbanda. Não há uma nova Umbanda depois do Caboclo das Sete Encruzilhadas, o seu substrato e seus princípios básicos continuam unificados. Porém, a partir deles, aparece perspectivas diferentes ou com novas sistematizações, tanto na doutrina como na prática. A Umbanda em alguns momentos transformou-se em uma Torre de Babel. E, talvez, a razão principal para este fenômeno esteja relacionada com preferências pessoais e características geográficas. Mesmo com todas as dificuldades existentes, hoje quem se inicia na Umbanda pode ter um panorama completo de sua evolução nesse século de existência.

Portanto, este livro se caracteriza com uma índole crítica e realista da nossa instituição Umbanda. E a estrutura do texto impõe repetições pelas quais nos desculpamos.

No primeiro capítulo, **Umbanda tupiniquim,** buscamos salientar a dificuldade que as pessoas ainda têm em compreender a Umbanda. E como religião continua a sofrer uma forte resistência das pessoas em aceitá-la como uma instituição sagrada a serviço do bem. E a importância de se reconhecer a Umbanda como a única religião nascida no Brasil.

No segundo capítulo, **Espiritismo umbandista,** alertamos para o perigo de pseudoconhecedores da Umbanda se arvorarem a falar em nome dela sem o devido conhecimento, prestando um desserviço à nobre causa umbandista.

No terceiro capítulo, **Simplesmente Umbanda,** destacamos o surgimento da religião, com a boa-nova que vem com uma forte investida do Astral Superior, para atender à nação brasileira em sua carência espiritual. Trazendo falanges de espíritos luzeiros, nas roupagens de Pretos Velhos, Caboclos e Exus, para dar suporte aos excluídos deste continental País.

No quarto capítulo, **Unicamente Umbanda**, sublinhamos a força com que ela nasce. Como um desígnio da Divindade para nossa nação. Com uma proposta inovadora, o surgimento da Umbanda em 1908 não pode ser desprezado, pois houve uma organização no Astral Superior para oferecer a Umbanda como uma via de crescimento e auxílio às várias comunidades carentes de nosso País. Com uma grande missão, a Umbanda se apresenta como a grande revelação espiritual no início do século XX.

No quinto capítulo, **Os sacramentos na Umbanda**, trazemos à luz os sacramentos umbandistas, que, por falta ainda de uma identidade religiosa, temos o péssimo hábito de pedir estes mesmos sacramentos emprestados à Igreja Católica. Desautorizando, com essa atitude, nosso ritual e a Umbanda enquanto religião.

No sexto capítulo, **Umbanda – um caminho para a ressurreição**, sinalizamos que a religião umbandista pode ser um caminho para a verdadeira iniciação. E por meio deste caminhar para dentro, é possível atingir a ressurreição em vida, sem a morte física. Mas a morte para o profano é o nascimento para o sagrado em vida.

No sétimo capítulo, **Os terreiros**, lembramos da importância da edificação do Terreiro. Enquanto instituição deve oferecer todos os recursos de um Templo religioso bem estruturado. Com gestores a sua frente, promovendo um trabalho qualificado para atender à demanda dos adeptos e representar dignamente a Umbanda.

No capítulo oitavo, **Associações e federações de Umbanda**, falamos destas instituições e seu inexpressivo trabalho frente aos Terreiros de Umbanda. A dificuldade que estes órgãos associativos encontram para receber apoio de seus associados.

No capítulo nono, **Exu na Umbanda**, procuramos desmistificar a enigmática figura do Guardião, mostrando que se trata de uma entidade de muita luz e é um dos pilares de sustentação da Umbanda.

No décimo capítulo, **Umbanda – uma religião monoteísta**, desmitificamos a ideia de uma religião que devociona vários deuses. Mostramos que a Umbanda desde seu nascedouro é monoteísta.

No capítulo décimo primeiro, destacamos **Os quatro pilares do conhecimento na Umbanda**. Com o auxílio da Filosofia, da Arte, da Ciência e da própria Religião, mostrando que a Umbanda possui sólidos recursos, por meio destas quatro áreas do saber humano, em sua manifestação religiosa.

No décimo segundo capítulo, **Umbanda – uma instituição a ser entendida**, destacamos mais uma vez o longo caminho que a Umbanda tem percorrido e todas as dificuldades que enfrenta para mostrar a nobreza de sua causa, neste primeiro século de existência. Sendo a que consideramos a mais grave de todas, exatamente, a crise de identidade por parte do umbandista. O umbandista ainda tem dificuldades em aceitar-se. E ainda a discriminação que sofrem as entidades espirituais pela sua roupagem espiritual.

No décimo terceiro capítulo, **O umbandista é um estrangeiro em sua pátria**, expressamos a crítica mais contundente, de pertencermos a uma religião nascida em solo brasileiro, sermos cidadãos com todos os deveres e encargos que nos são exigidos, e mesmo assim somos tratados como estrangeiros em nosso próprio País.

No décimo quarto capítulo, **Umbanda – um encontro da diversidade racial**, salientamos a principal característica da Umbanda, a presença das três etnias trabalhando juntas fraternalmente em uma proposta de inclusão. E, ainda, mostrar as três raças que formam a nação brasileira. Corroborando a tese de que, na verdade, não há raças, mas seres humanos. E todas essas etnias se equiparando em luz e conhecimento.

No décimo quinto capítulo, discorremos sobre os **Eventos na Umbanda**, salientado a falta de senso de união e desorganização dos umbandistas. Não há comprometimento com os movimentos feitos fora dos templos, enfraquecendo o fortalecimento religioso.

No décimo sexto capítulo, **Sacerdote na Umbanda**, questionamos a apresentação da doutrina kardecista, que ora se apresenta como doutrina filosófica com escopo científico, ora como seguidora do evangelho, e, portanto, se apresentando como religião. Diante dessa indefinição, questionamos também o papel do dirigente espírita kardecista, já que este não pode ser considerado um sacerdote. Mostramos que, ao contrário da doutrina kardecista, a Umbanda possui o papel emblemático do sacerdócio. E o mais importante, que o sacerdócio na Umbanda, ao contrário das demais religiões, é escolhido pelo astral. O que torna a função por demais sagrada, pois tem a outorga do astral superior.

No décimo sétimo capítulo, **Umbanda em tempo de história**, narramos a origem e o histórico da Umbanda, para melhor esclarecer o leitor sobre os fatos importantes ocorridos nos primórdios do surgimento desta jovem e importante religião.

Longe de qualquer pretensão de esgotar um assunto tão rico e fascinante, quero novamente enfatizar que a proposta deste livro é oportunizar uma reflexão, e quem sabe um novo debate sobre a Umbanda neste início de século XXI. Claro que, para isso, teremos que romper com as resistências que possam surgir, e se possível viabilizar novos encontro para debates sobre a *Umbanda – um encontro da diversidade racial*, uma instituição a serviço do bem.

Por fim, quero agradecer ao **Professor Dr. Diamantino Fernandes Trindade** pelos apontamentos e pela paciência nos ajustes na conclusão do livro.

# Palavras iniciais

Escrever sobre determinado assunto é algo por demais trabalhoso. Muito mais trabalhoso é desenvolver um texto sobre Umbanda, a qual já foi por demais tratada em inúmeras obras, sob as mais diversas formas e interpretações, o que pode sugerir que o tema tenha se esgotado, o que não creio. Logo, escrever sobre Umbanda, lembremos, estamos falando de uma religião, o que requer por essa razão todo o cuidado, pois são muitos os simpatizantes e praticantes que já possuem suas teses e enunciados sobre ela. Querendo, muitas vezes, ocupar a posição do suposto saber, o que a meu ver, na maioria das vezes, por falta de maior cuidado, para não dizer desconhecimento, torna o tema ainda mais obscuro. Discorrer sobre assunto tão interessante, de forma superficial e repetitiva, reproduzindo o que já foi dito à exaustão, os leitores umbandistas já não suportam mais. Não quero dizer que, em nosso meio umbandista, não tenha excelentes escritores, muito pelo contrário, há obras consideradas clássicas que servem como pedra angular para nossa prática religiosa. E percebo, também, ser de pouca valia nesse momento citar essas obras em virtude de seu reconhecimento entre nós.

Cabe lembrar que não tenho nenhuma pretensão de me incluir no rol desses autores e, muito menos, desabonar qualquer das muitas obras já escritas sobre a Umbanda, pois reconheço minhas limitações perante a grandeza do assunto em pauta.

A minha pretensão, por mais que possa surpreender, é expressar com este texto meu pensamento com a afirmação de um caráter crítico, como percebo a Umbanda, sobretudo, em sua estrutura no plano físico e, também, o que não é menos importante, a relação do umbandista com a própria Umbanda. Longe de querer adentrar no aspecto doutrinário, ou mesmo fazer considerações sobre o astral da Umbanda, por razões claras, que já sabemos, esses temas já foram muito bem explorados por eminentes autores. Adentro sim, sob outro viés que explora a Umbanda sob seu aspecto físico-estrutural, buscando fazer uma avaliação da realidade desta instituição chamada Umbanda. Evidentemente, esta minha percepção é calcada em cima de minhas experiências como Babalorixá e presidente da Associação de Umbanda Caxias; disto decorre que minhas considerações sejam muito pessoais e, logicamente, passíveis de causar discordâncias.

Assim, convido o leitor a uma reflexão sobre a nossa realidade religiosa, na condição de praticantes do umbandismo, os quais, por extensão, estão inseridos em uma sociedade que tenta, de todas as formas, mascarar o sentimento desfavorável às religiões afro-brasileiras, incluindo, sobretudo, a Umbanda. O que sinaliza o quanto é difícil, para esta mesma sociedade, conviver com as diferenças, pois é adepta do preconceito e, consequentemente, pela exclusão, o que nos torna sempre diferentes e estigmatizados aos olhos do *status quo*. Em razão desse olhar, haverá sempre um grau de exigência muito maior de nós, umbandistas, em relação a todo nosso movimento, seja pelo ritual ou, até mesmo, pelo nosso discurso.

Por isso, precisamos de todo o empenho para rever nossas práticas religiosas em nome da Umbanda, principalmente, para torná-la clara aos que a desconhecem ou têm qualquer dúvida sobre sua importância no serviço do bem.

A Umbanda já completou um século de existência, o que é motivo de júbilo para nós, herdeiros do Caboclo das Sete Encruzilhadas; precisamos, portanto, aceitar esta nobre herança e chamar para nós a responsabilidade de sermos porta-vozes desta religião. Devemos, ainda, nos orgulhar de sermos umbandistas, pela condição que ela se apresenta e o que nos oferece; de uma religião tão jovem se comparada às demais religiões tradicionais possuir em sua teologia um recheio tão profundo e versátil, capaz de ser uma síntese de todas as outras religiões.

A forte presença da Umbanda em todas as paragens de nosso País demonstra, mesmo que alguns tentem dizer o contrário, o seu crescimento em âmbito nacional e, o mais espantoso, a Umbanda cresce tanto que já é exportada para outros países da América do Sul, América do Norte, Europa e Ásia. Novamente, cabe lembrar que, por toda esta expansão, seremos cada vez mais cobrados a definir o que é Umbanda e a que veio.

Devemos desenvolver recursos para nos defender do terrorismo praticado por algumas igrejas, ditas evangélicas, que não cansam de nos afrontar. Poderíamos, já para começar a tirar proveito desta perseguição obtusa, por parte desses fanáticos religiosos, fazer uso desta ojeriza que eles têm por nós, a fim de que sirva, pelo menos, de pretexto para nos unir mais. Portanto, nós, que vestimos o branco, temos que ter a esperança de tornar a Umbanda uma religião respeitada neste século XXI, mesmo com todas as suas dificuldades, que sabemos não são poucas.

Mas, quando olhamos com atenção, percebemos que existem também muitas coisas boas acontecendo na Umbanda, nesses últimos dez anos, pois melhorou, expressivamente, a quantidade e qualidade dos nossos dirigentes e praticantes de um modo geral. Com toda tranquilidade podemos afirmar que a Umbanda deu um salto quântico em visibilidade, por conta desses novos doutrinadores e dirigentes espirituais. O que sinaliza um novo momento para a Umbanda e reforça nosso otimismo quanto a esta jovem religião, possivelmente, como uma grande força espiritual deste século que se inicia. Entretanto, devemos ter, acima de tudo, juízo crítico, pois, mesmo prevendo um futuro promissor para a Umbanda, e sabendo que muito já foi feito, também sabemos que muito mais ainda há por fazer.

A Umbanda ostenta um belo edifício espiritual, é verdade, mas, mesmo que não admitamos, é penoso reconhecer que a Umbanda, até o presente momento, precisa edificar seu edifício no plano físico, justamente para podermos dar sustentação à proposta do astral em criar a Umbanda, ou seja, uma nova revelação e, acima de tudo, uma instituição que patrocina um encontro da diversidade racial, logo, uma instituição a serviço do bem.

*Babalorixá Saul de Medeiros*

# 1
# Umbanda tupiniquim

**Q**uando diferentes pessoas perguntam a respeito do que é Umbanda, sua importância e o porquê de sua liturgia, sem dúvida, escutam muitas respostas interessantes a seu respeito, mas, infelizmente, pouco claras em sua definição.

Esta é uma pergunta que merece toda atenção em sua resposta. E a dificuldade que muitos ainda encontram para responder a esta pergunta demonstra que a Umbanda, neste primeiro século de existência, mesmo reconhecendo sua expressiva proliferação pelo mundo, ainda permanece incompreendida. O que é pior, muitos ainda, por desinformação, não reconhece a Umbanda como instância religiosa. O que é nefasto para os que procuram representá-la.

O penoso nisso tudo é perceber que a causa maior desta desinformação e, consequentemente, incompreensão, fica por conta do despreparo de alguns "dirigentes que, se entendessem melhor a Umbanda, isso não ocorreria. Obrigo-me a relembrar uma pertinente citação de Ramatis, no livro *Mediunismo*, psicografado pelo seu médium Hercílio Mães, na década de 1960, no qual declarou: *A Umbanda, portanto, ainda é o vasilhame fervente em que todos mexem, mas raros conhecem seu verdadeiro tempero* (RAMATIS, 1960, p. 72). Essa afirmação foi profética, pois, ainda nos alcança.

Diante dessa realidade, nos deparamos com dois problemas de primeira ordem, ou seja, como definir Umbanda? E, consequentemente, a que veio? Em um primeiro momento considero imprescindível tentar reinterpretar a Umbanda, tarefa ousada, sabemos, mas necessária para buscar alcançar o objetivo proposto nesta obra.

Muitas teses sobre a Umbanda já foram elaboradas, mas parece não terem sido efetivamente compreendidas. Ao contrário das religiões de matriz africana, sobretudo, o Candomblé e o Batuque Gaúcho, que puderam contar com o olhar de renomados cientistas sociais. Estes representantes da Academia, com toda sua erudição e didática, conseguiram de forma notável trazer à luz a Cosmovisão africana. O que, sem dúvida, surtiu um grande efeito, pois acabou por atrair o interesse de muitas pessoas para iniciação no Batuque e Candomblé.

Portanto, fica claro que a intervenção destes Doutores da Academia trouxe grandes benefícios às religiões de matriz africana. Mas, infelizmente, com este prestígio a Umbanda ainda não pode contar, pois não recebeu a devida atenção por parte desses importantes pesquisadores. O que dificulta ainda mais a compreensão da Umbanda por parte daqueles que transitam nas Faculdades e Universidades brasileiras. E queiramos ou não, os alunos de hoje destas Faculdades e Universidades, pelo menos em tese, serão os futuros formadores de opinião deste País.

Outro valioso instrumento que a Umbanda não pode contar é com a imprensa. Esta poderosa instituição não tem o menor interesse ao que se relaciona à Umbanda. E o pior de tudo é que, quando a imprensa a menciona, fica somente no campo da tragédia ou da especulação. Não existe o propósito de esclarecer as pessoas sobre seu ritual, não há interesse por parte da mídia em divulgar o que é realmente importante sobre a Umbanda. O que, sem dúvida, seria de grande ajuda, para nós Umbandistas, se os meios de comunicação dessem maior atenção às coisas boas que a Umbanda oferece. Infelizmente, quando é dito alguma coisa boa sobre a nossa religião, retumba somente em seu ambiente doméstico. O que é pouco pela importância que a Umbanda tem como religião, que atrai um grande número de simpatizantes e praticantes nesses milhares de terreiros espalhados por este Brasil continental.

As notícias que recebemos do movimento umbandista vêm pelos jornais ligados às religiões afro-brasileiras, o que merece todo nosso reconhecimento e respeito, mas a impressa laica poderia ter outro olhar e outra escuta para nós, umbandistas.

Contudo, temos que reconhecer que este descaso por parte dos cientistas sociais e da imprensa não é gratuito. Parece que os representantes das religiões de matriz africana se posicionam melhor quando o assunto é sua liturgia. A seriedade com que estes tratam seus fundamentos chama a atenção de todos que os percebem.

Quando os africanistas escrevem algo, o fazem com todo rigor que o tema merece. Há princípios que, para o africanismo, são invioláveis, qualquer deslize no que se pronuncia acaba por gerar retaliação em seu meio religioso, e este mesmo meio religioso é

## Capítulo 1

quem legitima ou não o sacerdote ou a sacerdotisa das religiões de matriz africana. Por isso, todo candoblecista ou batuqueiro fica refém de seus fundamentos, pois tudo é levado muito a sério. Qualquer quebra no fundamento atrai futuros problemas para si. Não significa que não haja seriedade ou fundamento na Umbanda, evidente que há. Mas, é evidente também que os umbandistas desfrutam menos rigor em suas práticas.

As religiões de matriz africana buscam oferecer um vínculo mais profundo entre o iniciado e o Orixá. Quem entra para o africanismo, em suas mais variadas roupagens religiosas, entra num processo de reconstrução de identidade, um reconhecer-se por meio do seu Orixá. Isto ocorre em razão da identificação com seu Orixá servir como espelho ou como norte em sua jornada na estrada da vida, por isso, a relação do sacerdote ou iniciado é profunda e vital. Consequentemente, a evasão torna-se bem menor que na Umbanda. Ou seja, o fluxo de adeptos na Umbanda é bem maior, porém, a permanência é bem menor. Muitas pessoas entram por vários motivos, e, muitas vezes, pelos motivos mais fúteis. O que temos percebido, de modo geral, é que o comprometimento na Umbanda difere gritantemente das religiões de matriz africana. Estas exigem muitos anos e o ritual oferece sacrifício animal, o que acaba por inibir os aventureiros que são muito comuns na Umbanda.

Esta constatação acaba por denunciar uma das nossas muitas fragilidades, ou seja, muitas pessoas ainda não levam tão a sério a Umbanda. Com a mesma facilidade que entram, também saem.

Essa dura realidade não pode mais permanecer, por isso, não podemos ficar de braços cruzados, cabe a nós umbandistas mostrar a seriedade em sermos adeptos desta religião e responsabilizar aqueles que querem fazer parte de uma corrente de Umbanda. Na divulgação da Umbanda torna-se vital mostrar para os aspirantes a responsabilidade de um batismo, cruzamento ou qualquer outro ritual, sobretudo, o sacerdócio. De modo que é importante, num primeiro momento, tentar sempre que possível passar, para os interessados nesta doutrina, o significado da substância da Umbanda, que, a meu ver, como frisei acima, é ser uma religião.

Por mais atributos que alguns queiram imprimir à Umbanda, alguns inclusive como objetos estranhos ao seu caráter, a ponto de, muitas vezes, alterar sua forma, fracassam em modificar sua substância que é sagrada como instituição religiosa. Reconheçamos logo que a melhor definição para a Umbanda é ser a mais nova religião e nascida em solo brasileiro, o que pode sugerir a mais nova revelação cristã, ou, ainda, a boa-nova proposta cristã.

Devemos demonstrar que a Umbanda, com tal destino à grandeza, possui em sua estrutura todos os sacramentos que a autorizam exercer sua função de permitir a relação do homem com o sagrado. Lembrar sempre aos dirigentes sua obrigação de se imporem como legítimos Sacerdotes e, da mesma forma, serem reconhecidos como agentes que intermedeiam esta relação tão necessária do profano com o sagrado, principalmente, buscando aproximar e encaminhar seus adeptos à verdadeira prática Umbandista.

Portanto, já podemos, com essas considerações, entender a que veio a Umbanda. Sem sombra de dúvidas, ela veio executar uma tarefa sagrada de inserir, pelo mediunismo brasileiro, outra dinâmica na prática do espiritismo, permitindo em seus terreiros a manifestação de personagens do imaginário brasileiro, que auxiliaram na formação e construção da nação brasileira, com toda a sua cultura e idiossincrasias. Mas, para começarmos a ter um melhor entendimento do papel da Umbanda em nosso planeta, precisamos conhecer sua origem e, para obter êxito nesta tarefa, é necessário não esquecer que a Umbanda não é "terra-de-ninguém", ela tem sua pátria, e esta pátria se chama Brasil, tornando-a, assim, legítima religião Tupiniquim.

Logo, podemos com toda segurança afirmar que descobrimos com facilidade que o real tempero da Umbanda, a que se referia o mestre Ramatis, é o tempero brasileiro, que é único, em função da forte miscigenação na formação deste povo. Cada uma dessas etnias deu sua pitada neste caldeirão fervente, engrossando o caldo e o tornando saboroso e forte.

Em que contexto nasce a Umbanda então?

Nasce no início do século XX, num Brasil com uma minoria de brancos e uma maioria de negros e índios. Em um Brasil ainda em formação, ou seja, tentando construir a sua identidade, que sofre ainda uma forte contaminação do eurocentrismo dominador e perverso, em que tudo que vem do velho mundo é mais bonito e melhor. Falar francês era o suprassumo da cultura, assim como a moda vinda desse expressivo país. Podemos dizer que tudo era mensurado a partir da relação da recém-fundada República Brasileira com a velha Europa, ou seja, o velho mundo servia de modelo para este novo mundo. Uma fiel relação com os padrões europeus era uma garantia de cidadão culto e de bons costumes. Esses valores são impressos no Brasil com a vinda da Corte Portuguesa, em 1808, fugindo de Portugal devido à invasão do exército de Napoleão Bonaparte. Sem falar da marcante presença do positivismo de Augusto Conte, que serviu inclusive de inspiração para a frase em nossa bandeira nacional.

O triste, nisso tudo, é que esta minoria branca é quem detinha o poder e definia como as coisas deviam se conduzir neste jovem País. Logo, para ser considerado um cidadão brasileiro, tinha que ser branco católico e, de preferência, rico. Obviamente que estamos nos referindo às classes dominantes da jovem república brasileira. Os negros, índios e mestiços estavam à margem desta sociedade, em um subplano, o que, infelizmente, como podemos perceber, persiste até hoje.

É neste universo, de forma providencial, que surge a Umbanda, com seu valioso e fantástico capital religioso. Também, não podemos esquecer, com uma proposta de resgatar os valores presentes em cada uma dessas etnias, que são as bases na formação desta nação.

A Umbanda, diante dessa triste realidade, surge com um olhar para estas comunidades excluídas, com uma forte proposta de inclusão. Contrariando o pensamento da alta sociedade brasileira que sempre considerou as raças negra e indígena como inferiores.

Enfrentando todas estas adversidades, a Umbanda surge do plano astral para nascer em solo brasileiro, com um forte grito de rebeldia a tantas discriminações e injustiças. E, o mais impressionante nisso tudo, é que surge dentro de uma federação espírita, na roupagem de um caboclo chamado Sete Encruzilhadas, o qual se impõe com toda sua coragem, característica dos caboclos da Umbanda, trazendo uma mensagem endereçada a toda população brasileira. E juntos a este paladino estão, na sua retaguarda, várias falanges de Caboclos, Pretos Velhos, com toda a certeza, muitos Exus, ainda que muitos não considerem sua presença nesta ocasião.

Com essas roupagens espirituais, a Umbanda consegue, de forma muito inteligente, se expressar com uma linguagem simples ao alcance de todos, sobretudo, aos considerados incultos e excluídos deste belo País. Sob este prisma, podemos considerar que a Umbanda é plural, o que a torna extremamente versátil, com acesso fácil a todas as camadas sociais.

Em última análise, isso significa que a Umbanda nasceu para atender aos anseios espirituais em toda a extensão da nação brasileira, que é, sem dúvida, continental. Formada por muitas culturas, com um forte regionalismo, que acaba por tornar este País uma colcha de retalhos. Não obstante, são muitas as linguagens neste continente chamado Brasil. E nos parece que, nesta Torre de Babel, a única religião capaz de se inserir com toda plasticidade necessária, para atender e entender essas diferentes culturas, é somente uma religião forte e plural como a Umbanda.

Assim, a Umbanda tem a propriedade inefável de falar a linguagem universal, e ela não é kardecista nem africanista e muito menos católica. Ela é simplesmente Umbanda, ou seja, Umbanda Tupiniquim.

# Espiritismo umbandista

Quando definimos a Umbanda como uma religião brasileira, percebemos logo que a tarefa que nos cabe é titânica, pois somente nós, umbandistas, poderemos esclarecer com clareza do que se trata, realmente, a Umbanda, ou seja, o que é, e como é esta religião. E, obviamente, um desafio dessa magnitude requer um trabalho teórico e prático, com lisura e conhecimento de causa para se poder adentrar nos domínios deste vasto continente chamado Umbanda.

Percebemos que são muitas as manifestações em nome da Umbanda, mas nem todas expressam o que realmente ela é. Muitos que se pronunciam em seu nome são "tatibitates" em seus discursos. O que, via de regra, gera muita confusão e lacunas no entendimento do que é a Umbanda.

Falar em nome da Umbanda não é para qualquer um, pois é necessário, e até mesmo uma exigência, no mínimo, conhecimento pleno e responsabilidade pelo que se fala em seu nome, pois todos sabem que pior que a burrice é a transmissão de ideias erradas. Temos visto muitos se arvorarem sem o devido conhecimento em nome desta importante religião. E, muitas vezes, com toda a "autoridade" de quem estava desde seus cinco anos na Umbanda, com seus avós ou tios. Esta justificativa, que é muito comum de se ouvir, entretanto, é insuficiente e não autoriza ninguém a ser porta-voz de uma religião, muito menos da Umbanda. Estar dentro de um terreiro de Umbanda desde a tenra idade sinaliza apenas que percebeu alguma coisa sobre a Umbanda, mas não significa que conhece ou sabe realmente o que ela é. Para conhecê-la e saber se expressar em seu nome, são necessários muitos anos de vivência e estudo. Do contrário estará apenas opinando sobre um tema profundo e sério. O que será, em última instância, mediante um conhecimento parco, um grande desserviço contra esta importante religião.

Mas, como já sabemos que Olorum escreve as coisas certas por linhas tortas, ninguém melhor do que Ele para saber que tudo é uma questão de tempo para a Umbanda alcançar seus propósitos. E o tempo, mesmo sendo uma convenção humana, parece ter sido inspirado para nós como um recurso genial de Olorum, a fim de aprendermos a valorizar as coisas que, realmente, são importantes para a humanidade.

Dizem que o tempo e o diabo são sábios, não por se tratar de dois personagens ilustres, mas, simplesmente, por serem velhos. E, felizmente, como a capacidade do ser humano é sempre buscar a verdade, mesmo que seja muito vagarosamente, percebemos, mesmo que com muito atraso, para nosso regozijo, a Umbanda vem sendo cada vez mais introjetada com o merecido respeito de uma expressiva religião, ou melhor, como religião brasileira.

E é oportuno lembrar as palavras do saudoso Moab Caldas que apregoava: *o verdadeiro espiritismo brasileiro é a Umbanda.* Mas o que o Dr. Moab Caldas queria dizer com o verdadeiro espiritismo brasileiro? Ora, levando-se em consideração a formação étnica do nosso País, formada pelo branco, negro e índio, verificamos que, na Umbanda, estas três etnias estão inseridas em seu contexto e fortemente representadas nas roupagens dos caboclos, pretos velhos, boiadeiros, marinheiros, ciganos e exus, o que acaba por explicar o significado da lapidar frase do líder Moab Caldas.

Estas entidades, em suas mais variadas roupagens, são os pilares de sustentação da Umbanda. Isto prova que essa religião já estava à frente de sua época, por postular, na sua origem, em 1908, que não existe raça e sim seres humanos. E ainda com uma proposta que vem ao encontro do cristianismo, onde acolhem a todos os seres humanos como irmãos. É com esta vestimenta que a Umbanda se apresenta para o nosso plano físico, prestando um grande auxílio às comunidades carentes, como também às não carentes, sempre por meio dos seus trabalhadores do Astral, os quais são operosos e eficientes na orientação e cura dos males que assolam todos que sofrem e a eles recorrem em busca de socorro.

Contudo, o que mais impressiona é que, mesmo com toda esta contribuição humanitária e cristã, esses operários do bem pagam ônus alto demais, por se manifestarem na forma de caboclos, pretos velhos e exus. Pois, por mais que façam o bem, ainda assim, são vítimas da maior chaga que assola a humanidade, que é o preconceito. Infelizmente, muitas pessoas, ainda que se considerem importantes trabalhadores e representantes de centros espíritas, associam evolução com a raça. O que é, sem dúvida, um engano, para não dizer, um pensamento muito pobre. Não podemos mais aceitar a superioridade de uma raça sobre a outra. E a história recente nos mostra sempre como isso é cruel e nefasto para a humanidade. Basta olharmos para as marcas profundas deixadas pela Segunda Guerra Mundial, onde se construiu um terrível genocídio em nome da superioridade racial. Sem dúvida, perante o sagrado, este fato histórico maculou de vez a raça humana. Queiramos crer que, hoje, não venhamos pensar mais assim.

Desde seu nascedouro a Umbanda tem percorrido um caminho íngreme para ser reconhecida como religião. Muito foi feito e conquistado neste primeiro século de existência da Umbanda, é verdade, mas, como já dissemos, muito mais terá que ser feito para a Umbanda poder listar como instância religiosa. E essa conquista não se faz necessária por vaidade, mas por reconhecer seu valor e render-lhe tributo por um século de serviços prestados àqueles que adentraram e adentram em seus terreiros em busca de socorro e cura. Quantos problemas resolvidos, quantas curas feitas, quantos lenitivos estas entidades tão discriminadas conseguiram oferecer nestes cem anos de existência.

Esta é a Umbanda que muitos desconhecem, mas que criticam, julgam, sentenciam e desdenham de forma mordaz. Esta é a Umbanda que surgiu no início do século passado, mas que ressurge todos os dias para aqueles que se permitem ser tocados pelos seus encantos.

Assim temos que nos render às sábias palavras do caboclo das Sete Encruzilhadas, incorporado em seu jovem médium, Zélio Fernandinho de Morais, quando de forma genial definiu Umbanda: *a Umbanda é a manifestação do espírito para a caridade*, este é o verdadeiro espiritismo umbandista.

# Simplesmente Umbanda

Como a Umbanda já nasce com uma proposta ousada e inovadora, reflete, pela sua postura, um surgir com um inusitado amadurecimento, pronta desde o início para alcançar seu propósito, ou seja, se apresenta no nascedouro com algo pronto, como a boa-nova, como uma revelação do século XX, como a mais jovem religião.

O que acabou por se confirmar décadas depois. E o mais impressionante é que a Umbanda surge quebrando paradigmas, contrariando o modelo espiritual vigente. Apresenta como trabalhadores de seu astral entidades de luz em uma roupagem simples, sem pompa ou ostentando títulos terrenos, como alguns mentores de outras linhas o fazem ao se apresentar aos seus consulentes.

Esta simplicidade é que caracteriza os caboclos, pretos velhos e exus, os quais são os principais trabalhadores da Umbanda. Estes que, em vida, infelizmente, eram excluídos e, por ironia, ainda em nossos dias alguns desavisados tentam discriminá-los também no plano astral, por se apresentarem como entidades da Umbanda.

Também são rejeitados por alguns, por serem informados que esses espíritos, quando estavam encarnados no plano físico, eram índios e negros. Os exus, simplesmente por se apresentarem como exus, são acusados como agentes das trevas. O pior nisso tudo é que muitas pessoas, que se dizem espíritas, não se conformam com a "ousadia desses espíritos" de se apresentarem nos terreiros como agentes promovedores do bem.

Lembremos que na Federação Espírita de Niterói, quando o Caboclo das Sete Encruzilhadas se manifestou, em 1908, houve ali mesmo uma declaração pública de rejeição a esses trabalhadores da luz e, por extensão, uma rejeição à Umbanda. Naquele momento, como dizia o saudoso Moab Caldas, se perdeu a grande oportunidade de se criar o verdadeiro espiritismo brasileiro, o qual seria, na visão do sábio Moab, a fusão da doutrina kardecista com os rituais da Umbanda.

Mas este é apenas um lamento nosso; não podemos querer interferir no que, provavelmente, seja os desígnios superiores. Todos nós já percebemos que a Umbanda é original, é autossuficiente, foi criada para ser como ela é, simples na sua forma e profunda na sua essência.

Reconhecemos, também, que a Umbanda foi muito bem representada por este paladino chamado Zélio Fernandino de Morais, sob a égide do Caboclo das Sete Encruzilhadas. A história é testemunha que este jovem paladino soube como ninguém se conduzir com maestria diante de tantas dificuldades, a ponto de, no outro dia, fundar o primeiro terreiro de Umbanda do Brasil, chamado Nossa Senhora da Piedade. Aqui, neste ato de grandeza, nesta primeira sessão pública, é muito importante frisar isso, nasce a Umbanda. E o que mais nos intriga não é somente ver a Umbanda ser conduzida por um médium de primeira grandeza, o mais impressionante é vê-la conduzida por um adolescente de dezessete anos apenas, fato inusitado na história das religiões. O que revela, em última análise, um espírito já forjado na têmpera do astral superior, para uma missão de grande envergadura neste orbe terrestre.

Diante de todas as virtudes que a Umbanda possui, é motivo suficiente, na condição de umbandistas, valorizarmos a religião que professamos. Porque a Umbanda se construiu sozinha, na mais ferrenha adversidade e com toda bravura que lhe é peculiar, e não devemos favor nenhum a qualquer religião, muito menos precisamos da autorização para exercer a nossa.

Reconhecemos que o kardecismo tem bases firmes e muita contribuição tem dado aos que dele se socorrem, em razão de ir ao encontro da proposta cristã. Mas, sabemos, também, e isto deve ser registrado a meu ver, aqui se trata uma vez mais de uma opinião pessoal, que o Espiritismo, em sua prática em muitos centros, macula sua bela doutrina, quando procura filtrar com quais entidades pode-se trabalhar em suas sessões. As entidades da Umbanda não são bem-vindas, pois são, em seus julgamentos, ainda espíritos oriundos do "baixo espiritismo", chamado por eles de Umbanda. Quando permitem a participação dos nossos guias, estes são tratados pelo diminutivo, pretinho velho, caboclinho, etc. O curioso é que os obsessores nesses encontros são bem-vindos. O Exu, então, nem se cogita, fica gritante suas atitudes, pois no pensamento dos nossos irmãos kardecistas é mais importante o mensageiro do que a mensagem. Essa maneira de trabalhar é perversa com a Umbanda, porque, mais uma vez, se repete a chaga da exclusão. É sabido que a Umbanda, assim como o kardecismo, bebe nas águas do cristianismo, tanto é verdade que nos altares da Umbanda está sempre presente a imagem do majestoso Jesus Cristo como referência Maior.

Portanto, que há afinidades entre a Umbanda e o Espiritismo é um fato inegável, tanto em suas ferramentas de trabalhos mediúnicos, que se apresentam sob as mais variadas formas, como em sua proposta cristã, que visa a dar auxílio tanto aos nossos irmãos encarnados como desencarnados.

Porém, a dinâmica de trabalho é gritantemente diferente. E mais diferente ainda é a preparação dos médiuns. Em particular, o médium de Umbanda tem que ter uma preparação algo iniciática, realizando cruzamentos, identificando seus Orixás, tendo suas guias devidamente imantadas e ainda ter um sacerdote que o prepare, o conduza em sua caminhada religiosa que se inicia. O compromisso é muito sério, exigindo, por parte do médium, um profundo comprometimento. Não precisamos dizer que o trabalho dos médiuns kardecistas também exige bastante e, com muita seriedade, isto é um fato consumado. Mas reconheçamos, o nível de exigência na preparação do médium de Umbanda é bem maior. Os entrechoques por que passa o médium de Umbanda são muito pesados para o médium kardecista. Se houver dúvidas, façamos o teste.

Em compensação, se na Umbanda somos bem preparados para atividades espirituais, por outro lado, no plano físico-institucional, somos frágeis em nossa organização. Nesse aspecto, o kardecismo tem muito a nos ensinar. Bendito será o dia em que nós umbandistas pudermos ter uma entidade como a FEB (Federação Espírita Brasileira), que é um exemplo em gestão institucional.

Outro fenômeno muito interessante que está ocorrendo é a presença cada vez maior, em alguns centros kardecistas, de entidades umbandistas, como pretos velhos e caboclos. O que revela, por parte desses centros que permitem esta abertura, uma impressionante maturidade espiritual, merecedora de reconhecimento. De forma inusitada estas entidades conseguem prestar um grande serviço tanto à Umbanda como ao kardecismo. Já o contrário parece não ser verdadeiro.

Estes são, como acreditamos, os desígnios de Olorum. O que nos chama a atenção nos desígnios do alto é que a Umbanda surge em uma federação espírita, é rejeitada, mas agora presta um valioso serviço a muitas comunidades kardecistas. O que não pode ser para nós umbandistas motivo para vangloriar-se, mas, sim, de alegria por uma aproximação tão saudável. Pois, sabemos que essa não é uma dificuldade do plano astral, e sim uma limitação por parte de alguns dirigentes sofrendo do mal chamado preconceito.

Portanto, quanto à diferença entre essas duas correntes espíritas, hoje percebemos ser mais na forma que no fundo. Agora, se quisermos pontuar uma diferença clara entre as duas na orientação das pessoas que buscam auxílio, é que o Espiritismo nos lembra que há vida após a morte, a Umbanda nos lembra que há vida antes da morte. E por todas essas diferenças, a Umbanda está muito mais presente nas comunidades de periferia, onde existe muita exclusão social. Onde atua como um pronto-socorro para aqueles que, muitas vezes, não têm um plano de saúde, ou um atendimento médico ou psicológico. Este trabalho quem faz é o preto velho, o caboclo e, muitas vezes, o próprio exu, e, lembremos, gratuitamente. Este trabalho profilático é feito por esta bela religião todos os dias, de forma magistral e em toda sua grandeza por ser simplesmente Umbanda.

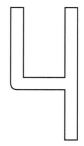

# Unicamente Umbanda

Neste início de século XXI, vemos que são muitas as formas de se praticar Umbanda e, infelizmente, muito mais em achar sobrenomes para personalizá-la. O que, a meu ver, prejudica qualquer tentativa de uniformizar o ritual de Umbanda. Pode, num primeiro momento, parecer utópica qualquer tentativa de uniformização em nossas práticas religiosas, sobretudo, em razão da versatilidade de culturas neste "continente" chamado Brasil. Mas creio ser pertinente pensarmos em nossas práticas, em nome da Umbanda, com a maior fidelidade possível, com a proposta do Caboclo das Sete Encruzilhadas, ou seja, permitir somente pequenas variações em seu ritual. Na prática, é bem verdade, nenhum terreiro é igual ao outro, mas isso não pode, mesmo com todas as variações existentes, macular a identidade da Umbanda. Podemos mudar alguma parte, mas não o todo. É visível que a Umbanda, neste primeiro século de existência, tem-se mostrado com muitas faces. Isto é, na maioria das vezes, consequência das misturas de rituais apresentados nos templos que trabalham com as chamadas linhas cruzadas. Ou seja, no mesmo espaço físico o cenário é ocupado por várias roupagens espirituais, o que acaba por criar confusão para o leigo. Este é o ônus que a Umbanda paga pela sua presença em todas as plagas deste País, sem uma cartilha contendo seus fundamentos litúrgicos.

Mas, o que é mais nefasto para a Umbanda é o hábito de alguns dirigentes em dar um sobrenome para a Umbanda, com o único propósito de torná-la o mais exclusiva possível, como se dissessem: "esta é minha Umbanda", simplesmente por pura vaidade. Já encontramos definições como: Umbanda Branca, Umbanda Cruzada, Umbanda Esotérica e tantas outras denominações sem necessidade de serem nomeadas. Fiquemos com estas três a título de exemplo, por serem mais utilizadas em nosso meio. Ora, quando definimos uma Umbanda como Branca, presumimos que existe uma Umbanda Preta. O que não é verdade. A Umbanda é, por natureza, cromática, possui todas as cores, não é preta, nem branca. Se quisermos relacionar o bem e o mal com as cores, o que nos parece um equívoco, podemos dizer, então, que quem dá cor para Umbanda é a índole do sacerdote.

Na Umbanda Cruzada, o que ocorre é o entrecruzamento de linhas, o que é óbvio, pois já faz parte do ritual umbandista. O que é inaceitável, e cria muita confusão, é a mistura que alguns fazem entre Umbanda e a dita Quimbanda, pois a primeira é diferente da segunda, em muitos aspectos. O mais evidente é que a Quimbanda se utiliza de sacrifícios de animais, entre outras coisas, o que é considerado objeto estranho ao ritual da Umbanda. E neste caso já não se trata de linha cruzada, mas sim de linhas misturadas. Já falando de Umbanda esotérica, podemos concordar com o Mestre Omolubá, quando diz que existe sim esoterismo dentro da Umbanda, mas não concorda que haja outra Umbanda que seja exclusivamente esotérica. Há ainda aqueles que dizem cultuar Umbanda com linhas de Exu, como se, na Umbanda, o Exu já não tivesse presente. Estes sobrenomes dados à Umbanda parecem seguir o modelo das religiões de matriz africana, onde há várias denominações como Angola, Ketu, Jeje-Ijexa, etc. Mas, nesses casos, é compreensível por serem nações diferentes, são oriundas de vários países do continente africano. Agora, convenhamos, a Umbanda é brasileira, por mais que tentem explicar estas denominações acopladas à Umbanda não se justifica.

Asseverar a superioridade de uma doutrina sobre a outra não é meu propósito, mas penso serem equivocadas estas doutrinas que só fragmentam e confundem a nossa religião. A Umbanda, por si só, é tão grande, que todas essas denominações são desnecessárias, pois já estão inseridas de forma implícita na sua liturgia. Lembremos, sempre, que a Umbanda é plural, mas sua pluralidade reside exatamente em sua linguagem que alcança a todos, pois tem o privilégio de ser universal.

Outro fenômeno que é presente no movimento umbandista diz respeito a sua proliferação nos estados brasileiros e também sua regionalização. Ou seja, cada região ou cada estado possui sua forma de praticar a Umbanda. O que acaba por fragmentá-la em vários modelos ou correntes umbandistas. Desde seu surgimento no orbe terrestre, em 1908, a Umbanda tem sofrido muitas transformações em seu ritual. Algumas necessárias, outras nem tanto. Estas ingerências no ritual umbandista, por parte de alguns dirigentes, têm prestado na verdade um desserviço à Umbanda. Pois graças a estas modificações e criações de rituais, os interessados em conhecer a Umbanda ficam confusos diante de tantas Umbandas existentes. É compreensível a Umbanda sofrer algumas influências regionais, mas não a ponto de descaracterizá-la, como muitas vezes acontece. Podem-se modificar alguns aspectos, mas sempre mantendo a base. Do contrário, estaremos adicionando objetos totalmente estranhos à Umbanda. Como, por exemplo, o uso de sacrifício animal, que é mais comum do que se imagina em alguns templos, ditos de Umbanda. Esta dificuldade é presente e notória na nossa realidade umbandista.

Temos que à exaustão gritar aos quatro ventos que o nosso referencial na Umbanda é o Caboclo das Sete Encruzilhadas, que deixou bem claro como se praticar o ritual desta religião. Mas, felizmente, graças a toda cobertura astral que a Umbanda possui, sinaliza, nestes cem anos de prática, estar conseguindo de forma gradual impor a parte substancial e nuclear desta bela religião nos corações e mentes de todos seus adeptos. E aqueles que tentam de todas as formas alterarem a substância da Umbanda, com objetos estranhos a sua prática, ou invencionices, têm fracassado, pois somos testemunhas de que, quanto mais muda, mais fica a mesma coisa.

# Os sacramentos na Umbanda

Nestes anos todos de militância religiosa, várias vezes, indaguei-me, pelo que observei em alguns terreiros: onde estavam os sacramentos da Umbanda? E, infelizmente, vinha-me à mente, como resposta, a Igreja Católica. Mas a Umbanda, como religião, não possui em seu arcabouço seus sacramentos? Claro que sim, mas, com tristeza, percebo que os momentos mais importantes de nossas vidas são, na esmagadora maioria das vezes, vivenciados na religião do outro, ou melhor, na Igreja Católica.

Vejamos, o batismo é feito na Igreja Católica, assim como o casamento e, por extensão, na morte que, a meu ver, não é dada a devida importância, pois muitos familiares do umbandista que partiu desconsideram sua vida religiosa dedicada à Umbanda e acabaram chamando um padre para oficializar o que chamamos de "rito de passagem". Pois consideramos esse triste momento como sendo de muita importância para quem parte para o plano

## Capítulo 5

astral. Pela simples razão de, muitas vezes, aquela personalidade que partiu ter construído, em sua longa trajetória, um expressivo trabalho enquanto médium, quando não como sacerdote de Umbanda.

Infelizmente, atitude como estas são tão comuns, por parte de familiares de umbandistas, que já se aceita como sendo parte do fundamento da Umbanda, o que é lamentável ser feito dessa forma. O triste, nisso tudo, é que desautoriza outro sacramento umbandista, que é o sacerdócio. Sempre é importante que o sacerdote da mesma religião efetue o ritual de desligamento desse espírito que parte. Estas atitudes ferem tanto o médium ou o sacerdote que partiu, como outro representante da Umbanda, o qual poderia fazer o ritual de passagem, em respeito a sua religião e a sua militância como umbandista, ou seja, acabamos sempre vivenciando esses momentos marcantes de vida e de morte na religião do outro. Isto acontece por ainda fazer parte de nossa cultura o pedir emprestado os sacramentos a outra religião, por não nos sentirmos autorizados a fazê-lo. E, consequentemente, agindo dessa forma, destruímos todo um patrimônio religioso conseguido a muito custo.

Na verdade, isso demonstra que ainda não reconhecemos a nossa religião como sendo capaz de executar tarefa tão sagrada. Só é legítimo se for feito pela religião do outro. Não nos autorizamos ainda como sacerdotes. Sofremos de uma crise de identidade que nos torna, em consequência de nossa baixa estima, que se instalou pela nossa própria ineficiência, dirigentes de uma religião, nos colocando à margem. Tornando-nos um apêndice da Igreja Católica. Temos que dar a mão à palmatória, ainda em alguns momentos de nossa caminhada religiosa nos falta caráter.

Temos que aprender que água e óleo não se misturam ainda mais se tratando de água-benta e azeite de dendê. A Umbanda, para existir, não necessita da hóstia e muito menos do vinho. Precisamos fazer uma releitura de nossas práticas religiosas. Se observarmos, com atenção, veremos que a Umbanda é, sem sombra de dúvidas, uma religião e, como tal instância, se basta. Talvez, o problema seja o fato de a Umbanda ser brasileira. O que deveria nos orgulhar parece criar um desconforto para muitos praticantes, a ponto de velada ou explicitamente negá-la. A velha cultura de valorizar o que vem de fora em detrimento do que é nosso.

Nós, como praticantes do umbandismo, temos que urgentemente tirar a máscara da Igreja Católica para nos apresentar e valorizarmos nossas práticas litúrgicas, sobretudo, os nossos sacramentos. Assim, iremos tirar a Umbanda deste impasse, que só a ridiculariza.

Precisamos, para a Umbanda, da criação da sua carta magna, sua constituição nacional para dar um norte aos umbandistas. E mais, a resolução dessa crise só poderá ocorrer por meio de uma relação fiel do umbandista com a Umbanda. Esta fidelidade só poderá ser alcançada com uma postura transparente por parte do adepto diante da sua comunidade e, por extensão, frente a toda sociedade brasileira. Esta postura deve começar, mesmo que isso cause pânico para alguns que não gostam de se expor, fora do terreiro, em eventos públicos, com toda a sociedade vendo, observando e julgando. Pois, sabemos que isto é o que mais acontece, ainda mais usando o branco, cheios de guias e com os atabaques rufando. É disto, exatamente, que precisamos, sair às ruas, nos mostrar. O problema nuclear, a meu ver, está exatamente em nos

## Capítulo 5

mostrar, pois estaremos expostos ao julgamento dos outros, e isto é exatamente o que não se quer. Vestir o branco e cantar as curimbas de Umbanda dentro do terreiro onde estou, com meu igual, é fácil. O difícil é meu colega de empresa me ver, pois não sabia, nunca tinha contado para ele que era umbandista, ele não iria entender e iria me chamar de macumbeiro, ou de saravá. Tudo o que não quero ouvir. Na verdade, não quero ser o que sou. Que pena! Pois só assim seremos o que somos.

# Umbanda – um caminho para a ressurreição

A **religião** constitui uma das dimensões centrais da existência humana. E sempre foi objeto de reflexão desde os primórdios da humanidade. O próprio Freud se debruçou exaustivamente sobre esse assunto, e considerou a necessidade do homem ter uma religião como uma expressão social de uma ilusão ou infantilismo. Antes dele a própria filosofia já se ocupava de tal reflexão, a ponto de surgir a filosofia da religião. É muito recente a tese de alguns neurocientistas materialistas, que afirmam que a necessidade de se ter uma religião ou ainda acreditar em Deus reside em um gene, que eles denominam o gene de Deus.

De qualquer modo, todas as tentativas de explicações oferecidas por estes cientistas e filósofos materialistas não vêm satisfazendo as pessoas que querem uma explicação melhor sobre o indescritível fenômeno da fé, que parece ser inerente à raça humana. E o pior é que a ciência se encontra em um impasse, pois não consegue responder como se dá a vida e, ainda, como nasce a necessidade de crer em Deus. Pelo menos até os dias de hoje, o que tem servido de bálsamo, aplacado a ansiedade das pessoas e contribuído muito para uma paz de espírito ainda é o exercício da religiosidade. Claro que acreditar em Deus ou depender dele não é suficiente para ser um verdadeiro religioso.

É histórico o fracasso destes cientistas e filósofos materialistas, quando tentam explicar a vida ou a fé religiosa. Tentam de todas as maneiras expressar seus enunciados científicos com escassos argumentos sobre Deus ou sobre fé. Sabemos que é pré-requisito, para qualquer pessoa que queira transitar no terreno do sagrado, uma vivência mística e profunda, que exige muito tempo para se obter resultado. E nesse sentido considera-se sagrado tudo aquilo vinculado a todo fenômeno religioso, como rito, magia e crenças. E tudo que está relacionado ao sagrado se apresenta, via de regra, em uma realidade muito diferente, ou seja, ao inefável ou metafísico. E esta parece não ser matéria da ciência. Quando se procura mensurar o sagrado por meio dos recursos da ciência estaremos sempre andando em um degrau abaixo, que definimos como campo profano e, portanto, muito longe do sagrado. Esta é a razão por que ser religioso é algo muito difícil, pois implica profunda transformação, e para que esta transformação ocorra precisamos vivenciar a caminhada iniciática, para só assim podermos chegar ao que definimos como ressurreição em vida.

As religiões afro-brasileiras, de modo geral, oferecem a oportunidade de iniciação para aqueles que adentram em seus domínios, e na Umbanda não seria diferente. Lembremos, mais uma vez, que iniciação significa caminhar para dentro, mas para dentro de si mesmo. Esse despertar acontece de forma gradual na vida do neófito, à medida que sua caminhada é pautada pela seriedade em que observa toda ritualística iniciática presente de forma muito rica na Umbanda.

Iniciar-se significa, via de regra, transformar-se, ou seja, morrer para uma realidade para reviver em outra. Quando o médium iniciante sofre a lavagem de cabeça com o amaci e, em seguida, veste o branco com suas guias imantadas, simbolicamente traduzimos este ritual como a morte para a vida profana (vivida só para a carne) e o renascimento para uma nova vida, agora uma vida em busca do sagrado (para a realidade do espírito). Esta caminhada iniciática leva décadas, para não dizer várias encarnações.

Quando Jesus se deslocava para Jerusalém (MAT. VIII. 22), após o fenômeno da transfiguração, encontra pelo caminho um rapaz que lhe chama a atenção. Logo o convida a segui-lo. Mas de pronto o jovem responde que se proporia a seguir Jesus, mas primeiro teria o dever de enterrar seu pai, que havia há pouco morrido. Jesus em sua majestosa sabedoria sentencia dizendo que ele deveria deixar os mortos enterrar seus mortos, e se preocupar em anunciar o reino de Deus.

O que exatamente Jesus estava se referindo com a sentença: *deixa os mortos enterrar seus mortos*? Pode num primeiro momento parecer difícil entender esta fala de Jesus. O que é compreensível, principalmente para aqueles que se dizem ateus, ou até para seguidores de outros credos religiosos. Mas para nós umbandistas ela é uma fala clara e cheia de significados. Ora, quando Jesus convida o rapaz para segui-lo, e deixar o morto com os mortos, está sinalizando para o mancebo que aqueles que estavam próximos do pai morto também já estavam mortos. Aqueles estavam vivos somente na carne e para a carne, e não estavam vivos para o espírito. Logo, para Jesus, quem não estivesse vivo em espírito já estava morto. Em síntese, Jesus nos alerta que nos sabemos imortais, mas nos comportamos como mortais. Esta advertência de Jesus é muito bem acatada por nós umbandistas. Pois entendemos esta gritante mudança de vida somente na carne, para uma salutar vivência no espírito, como sendo a verdadeira ressurreição que é apontada no evangelho. E somos contrários à interpretação paupérrima que ouvimos, muitas vezes, da boca de alguns pastores obtusos, que pregam aos gritos que morremos e ficaremos em sono profundo até o dia do juízo final, para depois sermos julgados. E se diante desse julgamento formos considerados merecedores, seremos premiados com a ressurreição, com o mesmo corpo para a vida eterna. Aqui nesta interpretação dada pelos evangélicos, nas escrituras sagradas sobre a ressurreição, nos sugere um pensamento um tanto fantasioso e muito simplório.

O propalado rito de passagem, muito comum em tribos indígenas e também africanas, e da qual somos herdeiros, é o responsável ainda hoje para o processo de renascimento nas religiões afro-brasileiras. E a Umbanda, como se insere neste contexto afro-brasileiro, também utiliza por meio de seus rituais iniciáticos a transformação do médium a um grau de vivência tão elevado que interpretamos como uma ressurreição.

E estas práticas ritualísticas presentes na Umbanda convergem com a proposta do Cristo, pois a Umbanda nos ensina que o homem só pode viver realmente em sua plenitude pela ressurreição. E esta ressurreição só poderá ser alcançada mediante um espinhoso caminho de renúncia e resignação. Mas só esses dois fatores não são suficientes para alcançar tão elevado objetivo de um renascimento, e muito menos só pela prece. Muito além dessas duas condições, faz-se necessário o uso de rituais que preparam o corpo e aplacam a mente do turbilhão de pensamentos insensatos que nos cercam, enquanto ainda aspirantes na senda.

Por este grau de exigência nos rituais presentes na Umbanda, o umbandista não é somente um seguidor de uma religião, o umbandista é um religioso. Ouvimos com muita frequência pessoas que participam das sessões públicas na Umbanda dizerem que gostam muito de assistir aos trabalhos mediúnicos, mesmo sendo católicos, mas costumam pontuar: "católicos não praticantes". Hoje o umbandista, ao contrário destes "católicos", é fiel a sua religião, o que é motivo de júbilo para nós que procuramos representar a Umbanda também fora das portas do Terreiro. Este compromisso entre religioso e religião está no DNA dos umbandistas. Ser umbandista requer compromisso com a causa. Não se é umbandista por tradição cultural – por tradição, seriam todos católicos ou evangélicos. Quando alguém se assume umbandista, salvo algumas raras exceções, não se assume por culpa ou querendo negociar com Jesus, se assume pelo compromisso sério com o astral, e o mais importante, sem culpa e livre de qualquer pecado original.

Vemos, com frequência, também adesivos em alguns automóveis que dizem: "Deus é fiel" ou outros mais absurdos ainda, que demonstram a vulgaridade e a futilidade com que tratam assunto tão sagrado: "Deus no céu e nós no corcel". Estas frases carecem de sentido. Fidelidade pressupõe submissão a um princípio ou alguém que fica subalterno a uma condição, o que não cabe a cósmica ideia de Deus, algo que está muito além do ego. Em síntese, frases idiotas, que expressam a pequenez de raciocínio

61

dos seus autores. O que torna a situação mais ridícula para esses que professam esta "Fé" das igrejas eletrônicas é a constatação de que eles querem o direito de posse sobre Deus ou Jesus. De modo que este direito não pertence a ninguém.

Em vários momentos já nos perguntamos: com que autoridade estes evangélicos tentam desautorizar os seguidores das religiões afro-brasileiras? A Umbanda, assim como o Batuque gaúcho e o Candomblé, possui uma ritualística pautada pelos profundos fundamentos, herdada das milenares tradições africanas e indígenas. E para aqueles que professam estas religiões, como já o dissemos, o exercício religioso é diuturno, para poder cumprir as exigências ritualísticas, o que exige, além de tudo, muita entrega e disciplina para quem quer se iniciar nestas religiões.

Diante disso, surge outra pergunta: o que os evangélicos têm? Logo vem a resposta, a Bíblia. E só. Convenhamos, é muito pouco. Deixando claro que o pouco, aqui, não se refere às escrituras sagradas pelo que ela é e representa, mas pouco pela utilização equivocada que fazem desta obra. Pegar a Bíblia e interpretar significa fazer um exercício de hermenêutica, o que nós umbandistas sabemos fazer, e com propriedade. Nossa prática religiosa transcende a simples leitura e oração, praticamos um ritual em comunhão com a Natureza. Realmente seguimos a orientação das escrituras sagradas, não ficamos somente num discurso permeado pela retórica, e seguimos, sobretudo, as orientações do Cristo, que alertou que toda árvore que não der bom fruto será arrancada e lançada ao fogo (MAT. 3. 10). Afirmamos isto por reconhecer que a Umbanda é uma árvore frondosa, que mesmo com todas as tentativas de alguns em querer cortá-la, tem se mantido firme e dado bons frutos para sua comunidade.

E como já o dissemos anteriormente, a Umbanda se orienta pela inclusão social por meio de sua atitude religiosa, que é, sem dúvida, uma atitude cristã. Recebemos a todos em nossos Templos sem interrogatórios e muito menos com propostas de conversão e salvação. Já nestas igrejas esta é a ordem do dia, converter, caso fracassem, excluem. Esta não parece ser uma atitude religiosa, muito menos para aqueles que se dizem representantes do Cristo. Jesus, pelo que lemos no evangelho, jamais excluiu alguém.

Portanto, a Umbanda consegue ter um entendimento dos ensinamentos do Cristo quando realiza sua liturgia, pois literalmente vai ao encontro de sua luz. Interpretar a ressurreição de Jesus é muito mais do que sua vitória sobre a morte. Significa, antes de tudo, um despertar da carne para a realidade do espírito. Sem precisar desencarnar ou encarnar para alcançar este propósito. Podemos alcançar a ressurreição pela iniciação. E esta é a proposta da Umbanda, nos permitir trilhar uma vida na carne, mas vivendo em harmonia com o espírito. Esta singular capacidade da Umbanda nos faz entender que esta religião também é um caminho para a ressurreição.

# Os terreiros

**D**iferentemente das outras religiões, que possuem seus templos muito bem edificados e, estrategicamente, bem localizados, os terreiros de Umbanda, com raras exceções, são edificados no mesmo terreno da residência do dirigente espiritual, quando não, numa extensão da própria casa. O que significa que, na esmagadora maioria das vezes, estes "templos-residências" não possuem uma estrutura física adequada para funcionar, conforme a proposta que se exige de um templo religioso e, muito menos, de uma instituição pública. Logo, não é possível atender de acordo com a demanda de fiéis – reconhecemos, é expressivo o número dos que recorrem aos templos de Umbanda – em razão de, muitas vezes, não oferecer as condições mínimas de conforto e segurança a quem adentra nesses terreiros.

Tal situação acaba por prejudicar, muitas vezes, a qualidade dos trabalhos. Isto é visível quando, em uma sessão, ocorre a presença de cem pessoas, o que, já declaramos, não é difícil de acontecer, acabando por desencadear uma aglomeração de pessoas muito mal acomodadas. Pois não há lugares suficientes para sentar, o que, por si só, já causa um desconforto.

Sabemos que a presença de idosos e crianças é comum nas sessões de Umbanda, como também gestantes e pessoas com problemas físicos, assim como outros casos que são desnecessários listar. Muitas vezes, também, e é mais comum do que se pensa, as pessoas querem assistir aos trabalhos, mesmo sem exigir o merecido conforto, mas não conseguem em função de falta de espaço físico, tendo que se contentar em ficar do lado de fora do templo, sob as mais adversas condições climáticas, como é o nosso caso aqui no Rio Grande do Sul, onde ocorre muita chuva e frio, fazendo com que o "carente" fique esperando ser chamado para o atendimento. Em outras tantas vezes as pessoas são obrigadas a permanecer em pé até sobrar um lugar para sentar. Mesmo com toda a dinâmica que é característica dos trabalhos de Umbanda, ainda assim, necessita-se oferecer uma estrutura física digna aos seus adeptos e simpatizantes. Sabemos que muitos poderão argumentar que a Umbanda não precisa de luxo, porque ela é simples, sua proposta é amor e caridade e que em qualquer lugar ou cantinho se pode fazer Umbanda, pois o médium é seu templo maior e basta. Ora, que a Umbanda é tudo isso e que o médium é o verdadeiro templo, isto já sabemos, mas, antes de tudo, a Umbanda é uma religião e, como tal, nossa obrigação como seus sacerdotes é estruturá-la e tentar ao menos oferecer as condições necessárias para atender bem ao seu público, que não é pequeno.

Um templo, necessariamente, não precisa apresentar luxo, mas, também, não precisa ser miserável. Um templo só deveria ser aberto ao público quando oferece as condições mínimas para acolher as pessoas, com espaço e, principalmente, segurança. Quantas casas de Umbanda têm um extintor de incêndio, saídas de emergência? Com toda certeza, muito poucas. No entanto, a segurança pública já começou a fiscalizar, por meio do Corpo de Bombeiros, os Templos a fim de verificar se possuem extintores de incêndio, portas de segurança e luzes de emergência, o que é compreensível. Ora, o ritual de Umbanda lida com elementos mágicos, velas, pólvora para os pontos de fogo. O que sempre acaba por oferecer perigo para o templo e para as pessoas que lá estão. Não é comum acontecer, reconhecemos, mas é necessário prever.

Ao percebermos esta realidade e fazermos uma reflexão sobre a estrutura da Umbanda no plano físico, com objetividade, reconhecer que, estruturalmente, estamos aquém de uma religião estruturada e devidamente organizada, estaremos dando pertinência a fatos de máxima importância, para não dizer, vitais para o futuro da Umbanda.

A meu ver, o que agrava esta dificuldade de se estruturar um Templo de Umbanda em seu aspecto físico é o vício, ainda presente na maioria dos umbandistas, de uma cultura muito arraigada em seu imaginário, que o verdadeiro umbandista não deve cobrar pelo exercício de seu sacerdócio. Estes argumentam que receberam o dom da mediunidade de graça, portanto, de graça devem oferecê-lo. Aqui reside um grande equívoco por parte de muitos umbandistas. Parece-nos mais que fazem coro aos espíritas kardecistas, os quais têm esse discurso sempre pronto, até para censurar aqueles umbandistas que cobram pelos seus trabalhos. E, graças a esse discurso repressivo por parte de alguns, isso parece conseguir gerar uma grande culpa nos umbandistas que merecidamente cobram pelos seus trabalhos.

A explicação que receberam a mediunidade de graça, e por isso devem trabalhar também de graça, não se justifica. Em primeiro lugar, temos que ter em mente que, ao contrário do espiritismo, a Umbanda se declara uma religião, logo, tem de haver sacerdócio e, para tanto, é necessário dedicação exclusiva, o que demanda custos, tanto para se manter como para manter o templo, "quem vive para o altar deve viver do altar" (apóstolo Paulo).

Em segundo lugar, cabe perguntar: aquele que é um grande atleta também não recebeu de graça seu "dom", assim como um grande artista ou, ainda, um grande médico? Todos esses ditos dons não vêm de Deus, se tudo a Ele pertence? Parece-nos que sim. No entanto, estes outros cobram, e muito bem, porque sabem valorizar o que fazem. Nós ainda não, infelizmente.

Em terceiro e último lugar, esta cultura da "caridade pregada aos quatro ventos" só tem servido para nos deixar à margem e sem voz. Ainda tem aqueles umbandistas que se regozijam em afirmar que tem suas casas abertas, mas não vivem da religião. Como se fosse um feito maior assim proceder. Penso que não. Salvo as diferenças, mas, a título de exemplo, sabemos que não são todos os atletas que conseguem viver do atletismo. Estes têm que ser muito bons no que fazem. Da mesma forma, sobreviver dignamente de alguma religião afro-brasileira também é para poucos. Pois, como os atletas, que citei como exemplo, tem que, da mesma forma, ser bom sacerdote para ter público suficiente, frequentando sua casa para manter sua presença diuturnamente a serviço da sua religião e das pessoas que o procuram com seus mais variados problemas.

É evidente que muitos sacerdotes, optando por trabalhar fora e dedicar-se à religião somente à noite ou nos finais de semana, prestam um bom trabalho como religiosos. No entanto, considero insuficiente para o que as religiões afro-brasileiras precisam, sobretudo, a Umbanda. Quando há um chamado para uma atividade durante o dia, o que é bem comum, como uma palestra em uma escola, ou até mesmo a solicitação de pessoa em estado de urgência por algum problema, não será possível sua presença, o que é lamentável. E quem perde sempre, a meu ver, é a religião. Por isso, considero importante lembrar que a vida exige escolhas, e temos que pagar o preço por elas. Logo, quem escolher ser sacerdote, que o seja, mas em tempo integral.

Um padre até pode exercer outra atividade, além de seu sacerdócio, como dar aulas, por exemplo, mas sempre irá se apresentar como padre, em qualquer situação quando questionado sobre sua profissão. O que já não acontece para aqueles que são sacerdotes da Umbanda, tendo outra profissão. Estes se apresentam sempre somente como profissionais das suas respectivas áreas, ocultando sua profissão de fé. Não se sentem à vontade em dizer que também são sacerdotes de Umbanda, a não ser que esteja muito explícito. A ideia que passa é de ser sacerdote somente no terreiro; fora dele, aos olhos do público que não o conhece, é um cidadão comum como qualquer outro e, muitas vezes, por que não até católico? Assim não vai causar desconforto a ninguém.

É por isso que estamos, seguidamente, sendo desrespeitados pelas igrejas eletrônicas, as quais, em razão de seus recursos econômicos, ocupam vários espaços na mídia para atrair novos adeptos e nos atacar. E o que podemos fazer a não ser ouvir e ficar quietos? Ora, a luta é desigual, nós sabemos e eles também.

## Capítulo 7

Enquanto não mudarmos nosso modo de pensar e tentamos reestruturar a dinâmica de nosso trabalho, valorizando o que fazemos, as nossas casas estarão ao léu. Bem por isso, insistimos em dizer à exaustão que a Umbanda tem uma magnífica estrutura no plano astral, mas no plano físico ainda não conseguiu vingar a contento.

Temos que tentar melhorar, aqui no plano físico, as nossas condições para podermos desempenhar, com toda grandeza, o trabalho que a Umbanda pode oferecer, o qual, sem sombra de dúvida, é muito mais do que até então temos oferecido.

# Associações e federações de Umbanda

É de conhecimento público que, em todos os estados brasileiros, existem inúmeras associações e federações de Umbanda, como também das religiões de matriz africana. No entanto, se sabe, também, que essas instituições, por mais que tentem fazer algo pelas religiões afro-brasileiras, poucas são as que logram êxito, em virtude de um alto grau de ineficiência que caracteriza um grande número dessas entidades. Em razão desta inocuidade, não encontramos o amparo necessário para resolver os impasses que se criam na rotina diária de trabalho dos vários terreiros existentes em nossa nação brasileira.

A grande quantidade dessas instituições, com o passar do tempo, torna-se porosa e sem força para o movimento afro-brasileiro que, há muitos anos, tenta, de todas as maneiras, se fortalecer ao ponto de serem criadas cada vez mais novas associações e federações, o que parece só agravar mais o problema. É outra tentativa, podemos pensar, mas está se mostrando ineficaz, parece que isso é colocar remendo novo em roupa velha. Sem considerar as disputas que são frequentes entre essas agremiações, para angariar mais associados, podemos dizer que o problema central desses estabelecimentos é que a esmagadora maioria deles não goza de prestígio e credibilidade por parte dos seus quadros de associados. Não havendo, por consequência, o apoio de seus filiados, o que seria vital para o desenvolvimento de um trabalho adequado para as religiões e para a cultura afro-brasileira.

Infelizmente, muitos chefes de terreiros procuram as federações com o propósito exclusivo de obter um registro, e colocar na parede de seu templo o alvará e o certificado (para se dizerem regulamentados), a fim de poderem exercer suas atividades religiosas "livres" e sem a perturbação de alguma associação fiscalizadora. Isto quando não se filiam a várias federações para obter o registro de todas, colecionando diplomas, muitas vezes, para mostrar para os frequentadores do terreiro que estão avalizados como dignitários da religião. O que, no imaginário dos frequentadores, muitas vezes leigos, atribuem como um título conferido por alguma distinção ou por prestígio do dirigente do templo. Os que assim procedem costumam pagar pelas filiações, mas esquecem de seu compromisso com as anuidades. Pois já conseguiram os papéis necessários para ostentar o seu *status* e abrir suas casas de forma legal. Por isso, o número de filiados de uma federação pode até ser significativo, mas o número de inadimplentes é bem maior. O que dificulta enormemente o trabalho sério dessas instituições.

Sem receita, não há como executar os projetos e, muitas vezes, nem manter a própria agremiação, pois as despesas são muito altas para o funcionamento e sua manutenção. Quando não, para piorar o quadro, paira uma grande desconfiança sobre quem preside as federações, em relação ao destino dado à pequena receita. O que acaba gerando desconforto para ambos os lados.

Entretanto, é evidente que a culpa pela falta de efetividade, reinante na maioria das associações e federações afro-brasileiras, reside na inoperância de seus representantes. Aliada à falta de estímulo dos seus filiados, resulta em uma combinação perfeita para a inutilidade e o fracasso dessas instituições. Assim, ambos são responsáveis por essa realidade, que podemos considerar insustentável para a grandeza da nossa religião.

Foram criados grandes conselhos, tendo como conselheiros presidentes de associações e federações mais "destacados" no meio religioso, como tentativa para aproximar lideranças e criar um grupo mais fortalecido para poder ter voz. Mas, o que se percebe, até o presente momento, são resultados pífios, ou seja, não há união, uma concordância razoável. As tentativas são louváveis, mas esbarram sempre no problema de eleger novamente um presidente, o que, a meu ver, recria-se uma nova federação e fica-se refém da vontade do "novo" presidente, a qual, geralmente, é pouca, para a infelicidade de todos. Há muita disposição quando surge a oportunidade de presidir uma agremiação, mas muita morosidade na hora de trabalhar pela sua eficácia.

Penso que a "solução" para resolver esse impasse, que cerca as associações e federações afro-brasileiras, em relação as suas gritantes fragmentações e ineficiência, seria a criação de conselhos regionais, em que a comunidade religiosa escolheria seus representantes para ter acento neste grande conselho. Este conselho decidiria sobre os assuntos pertinentes às religiões afro-brasileiras. Mas, evidentemente, que, sem presidente, seria de forma democrática, onde todos os membros desse conselho se equiparariam quanto à importância e teriam voz e representação por meio do voto direto. E, numa instância maior, se criaria um grande conselho superior, em âmbito nacional, com a mesma proposta sugerida acima.

Assim, talvez fosse possível, com este conselho superior, em âmbito nacional, pela sua credibilidade e resultante sonorização, criar diretrizes para a regulamentação efetiva das religiões afro-brasileiras. E, consequentemente, trazer à luz a tão esperada codificação da Umbanda. Se for possível, ter uma eficiente Federação Espírita Brasileira, que serviria, nesse caso, como exemplo. Sigamos então e trabalhemos para criarmos o Conselho Superior da Umbanda.

# Exu na Umbanda

A **Umbanda** em sua trajetória tem, como já sabemos, enfrentado muitos problemas para se estruturar com sua liturgia, e ser aceita como religião. Entre todos os problemas que a Umbanda tem enfrentado neste seu primeiro centenário, nenhum talvez seja tão delicado, tenha exigido tanta energia, quanto ao se tentar explicar quem é Exu e o seu papel dentro desta religião. Assim, podemos considerá-lo um capítulo à parte. Logo, não seria possível adentrar no território da Umbanda, em toda sua dimensão, sem incluir a incompreendida figura do Exu.

Quando as pessoas se interessam pela Umbanda demonstram muita curiosidade sobre sua prática litúrgica, por estar presente nela o mediunismo e, ao mesmo tempo, elementos mágicos, o que acaba por atrair aqueles que se identificam de alguma forma com o oculto. E este é um recheio que só a Umbanda possui. Mas, também, é percebível o medo que provoca o que, num primeiro momento, é compreensível, pois a Umbanda ainda não é bem

## Capítulo 9

compreendida como instância religiosa e acaba sendo associada, de forma indevida, a outras práticas que também se utilizam do mediunismo, visando tanto ao bem como ao mal, o que está longe de ser a proposta da Umbanda.

A Umbanda tem elementos que também pertencem a outras religiões, mas, na sua prática e na sua forma de ser, ela é única. Provavelmente, este é o preço que a Umbanda paga por ser tão original. Neste seu recheio, transita a figura enigmática do Exu, o qual, em razão do seu estilo irreverente, se apresenta com muito impacto para quem tem o privilégio de vê-lo trabalhando. Pois difere, gritantemente, da apresentação das outras entidades do astral da Umbanda, gerando, em consequência, muitas suspeitas sobre ele.

O Exu aparece, como já dissemos acima, de forma um tanto enigmática para essas mesmas pessoas. Elas não conseguem, num primeiro contato, definir se o Exu é um agente do bem ou do mal. Ou seja, não fica claro o que é realmente o Exu. O que ajuda a confundir as pessoas sobre o significado desta entidade está, principalmente, na forma equivocada das imagens que são vendidas nas casas de artigos religiosos, todas moldadas conforme a ideia do diabo cristão. Estas, indevidamente, são adquiridas pelos adeptos e colocadas em suas casas para os leigos interpretarem, conforme seu imaginário. Ora, uma imagem toda vermelha, com chifres e rabo, com um tridente nas mãos, convenhamos, fica difícil explicar para o leigo, ao se deparar com estes traços, que se trata de um ser de luz. Na verdade, somos coniventes com essa apresentação, logo, também somos culpados por essa distorção da verdadeira imagem do Exu, que não tem nada a ver com essas figuras dantescas.

Hoje começamos a perceber algumas mudanças nessas imagens, tornando-as humanas. Estas mudanças promovidas nas novas imagens apresentadas do Exu significam uma evolução no pensamento dos umbandistas e uma retificação justa com o povo de Exu.

Percebemos que os novos adeptos da Umbanda, já mais esclarecidos, não aceitam mais aquilo que possa macular os trabalhadores desta grande religião, sobretudo os Exus. Como também, estes, aos quais por força de expressão defino como neoumbandistas, não aceitam rituais para Exu com sacrifício animal. Já foi falado, à exaustão, que na Umbanda, seja qual linha de trabalho for, somente é permitido o ritual com o uso do sacrifício vegetal. Aliás, devemos deixar claro, rituais com sangue nunca fizeram parte da liturgia umbandista. Mas, infelizmente, há aqueles que ainda insistem em associar a Umbanda com essas práticas que são incompatíveis com ela. Resta reconhecer que, mesmo com todo o estigma que impregnaram à entidade Exu, mesmo assim, fica claro, também, que o Exu exerce um grande impacto em quem o conhece.

Tentando fazer, *grosso modo*, uma leitura de como as pessoas, de um modo geral, internalizam a figura de Exu, com toda sua maneira enigmática, irreverente e fascinante, ou seja, os recursos que o Exu, de forma propositada e astuta, utiliza para contribuir com seu magnífico trabalho dentro da Umbanda explicam-se; a razão de todos esses recursos é que Exu sabe de sua importância dentro da Umbanda. As pessoas, por sua vez, com o passar do tempo, descobrem também.

À medida que os simpatizantes da Umbanda começam a ter contato com o Exu, o medo dá lugar ao fascínio e, consequentemente, ao desejo de, sempre que possível, conversar com ele ou com ela, nos referindo, evidentemente, às pombagiras, que incluímos quando nos referimos à entidade Exu. Logo que o consulente se aproxima mais do Exu, em suas consultas, o seu interesse cresce tanto em relação a esta entidade que, rapidamente, quer saber também quem é seu Exu guardião, para poder reverenciá-lo, tamanha é a simpatia que esta entidade desperta nos carentes.

Ora, sabemos que o Exu se utiliza de toda uma roupagem que o diferencia de todas as outras entidades da Umbanda. Esta roupagem significa muitas coisas, entre elas, que ele é um ser com muito poder, poder de conhecer nossos mais profundos desejos e refleti-los com seu jeito de ser. A identificação é tanta que, às vezes, parece que alguns médiuns querem ser como ele, como um modelo a ser seguido.

O Exu sabe, como ninguém, conversar sem censura ou preconceito sobre todos os assuntos. Traz grande alívio e muitas vezes soluções para nossas crises existenciais. Isto não significa que o Exu simboliza o malandro vulgar e amoral, muito pelo contrário, o Exu tem garbo e se conduz pela ética. Não quer dizer que os outros guias não sejam capazes de entender a alma humana, sabemos que sim, e sabemos, também, que isso não é uma prerrogativa dos Exus. Mas, o que torna o Exu diferente das outras entidades da Umbanda é sua sutil capacidade de perceber nossos problemas sem falarmos, seja por constrangimento ou até mesmo por temor. Ele nos convida, somente com o olhar, a abrir nossos corações para aquilo que tentamos ocultar da nossa moral. E faz isso com tamanha maestria que verbalizamos ao pé de seu ouvido, sem nos sentirmos culpados.

O Exu possui, com toda sua larga experiência como errante, adquirida quando no orbe terrestre, uma impressionante compreensão humana dos nossos apelos mentais que, geralmente, nos induzem ao erro. Com seu sorriso, nos absolve de tamanha culpa e nos orienta para o melhor caminho. Mas sempre nos lembra de que somos passíveis de novos erros, pois somos humanos, assim como ele. Esta é a cumplicidade que nos envolve e nos ampara para continuar a nossa luta, pois sabemos que existe alguém no plano astral a que temos a liberdade de chamar de compadre e amigo.

Além de todas estas qualidades, que são inerentes ao Exu, temos que destacar sua principal função. O Exu exerce como ninguém a nobre função na Umbanda de ser o guardião do templo. Por isso, a melhor definição que considero para os Exus é de serem os policias do plano astral. O que revela ser uma atividade de muita responsabilidade. Sob este prisma, fica evidente que o Exu é um agente do bem, pois com o seu trabalho promove a segurança e a ordem, tanto no plano físico como no astral. Muitas vezes, o Exu é acusado de agir com violência com os obsessores, ora, este pensamento revela um grande equívoco em relação a esta entidade, não podemos imaginar uma entidade de luz maltratar espíritos errantes.

Os Exus já falaram reintegradas vezes que criminosos são os obsessores e não eles. Seria, com toda certeza, muito útil para o poder público receber orientações dos Exus sobre segurança pública, pois estes são especialistas nesse assunto. Estes homens estão a serviço do bem, no entanto, causam medo a quem transgride a lei, mas muito mais pela sua austeridade do que por qualquer atitude violenta.

## Capítulo 9

No nosso entender, a Polícia Militar de qualquer estado representa, no plano físico, exatamente o que são os Exus no plano astral. Ou seja, guardiões de suas comunidades. E cabe lembrar, também, como estes policiais possuem suas eficientes armas no combate ao crime, os Exus também possuem as suas para poderem agir contra os obsessores e magos negros do astral. Isto significa que são muitas as armas utilizadas por essas entidades, sendo a mais popular uma espécie de espada que possui propriedades que a tornam uma arma muito poderosa. Já não podemos dizer que o tridente seja uma arma de Exu. Parece ser muito mais um símbolo, como se fosse parte de um brasão.

Estudando mais este símbolo, parece revelar a relação que o Exu, na África, tem com o número três. Possivelmente, um tributo ao orixá Exu africano. É compreensível esta relação, quando aprendemos que o número três significa os três tipos de sangue existente na natureza. O sangue branco, o preto e o vermelho. Além de o tridente ter relação com as três fases do tempo que o Exu consegue atuar. Ou seja, o passado, o presente e o futuro. Talvez o que dificulte a maior aproximação das pessoas com esta importante linha reside somente no nome Exu. Lembremos que, pela infeliz ótica dos cristãos, Exu está associado ao demônio. É um estigma que tem custado caro à Umbanda, sobretudo, ao próprio Exu. E reforçado de maneira cruel pelos evangélicos que, de forma obsessiva, usam seus púlpitos para achincalhar esta grande entidade. Quando, na verdade, e bem sabemos, o nome é um empréstimo do Orixá Exu das religiões de matriz africana.

Sem dúvida, este é um ônus alto demais por usar o nome Exu que, traduzido para o português, significa esfera, pois é "Aquele que está em todos os lugares", por ser os olhos e ouvidos de Olorum.

O nome é o mesmo tanto na Umbanda como nas religiões de matriz africana, por haver semelhanças nas funções que ambos executam. Exu é o primeiro em tudo, seja como espírito que trabalha com esta roupagem na Umbanda, como Orixá no Batuque gaúcho ou no tradicional Candomblé baiano. O que deve ficar claro é que se trata de entidades diferentes, tendo em comum somente o nome. Ambas as entidades são imprescindíveis para a evolução da raça humana, pois esta entidade é considerada um ser primordial, ou seja, quando surgiu vida na Terra, Exu já estava presente na vida que podemos definir como cósmica. Sua criação por Olorum foi para dar suporte à vida material e espiritual da humanidade, sendo, inclusive para os africanos, o amálgama que permite que nos relacionemos com os outros Orixás. São muitas as suas atribuições, mas, sem dúvida, podemos resumir que Exu é importante na Umbanda, assim como para a humanidade, simplesmente por ser agente da promoção do bem.

# Umbanda – uma religião monoteísta

Para a Umbanda, assim como para as demais religiões de matriz africana, o universo é composto por dois níveis de existência, o plano físico e o plano astral (Aiye e Orum para os candomblecistas). Não existe qualquer possibilidade de existência fora destas duas realidades, e ambas se completam como duas faces da mesma moeda. E nós enquanto seres humanos encarnados somos destinados a permanecer por um período no plano físico, para, em seguida, com o fenômeno da morte física, passarmos para o plano astral.

Enquanto o plano físico sugere limitação em seu espaço, o plano astral indica ser ilimitado ou infinito. É a morada dos espíritos, dos anjos, Orixás e de Deus, ou vivemos num plano, ou em outro, estamos destinados a transitar em ambos. E por serem essas duas vias as reais possibilidades de nossa caminhada cósmica, elas se apresentam extremamente compatíveis entre si.

## Capítulo 10

Portanto, estas duas realidades, para nós umbandistas, ao contrário do que muitos pensam, foram criadas por um único ser, Deus. O nome pode variar – Zambi, Alá, Olorum, Tupã, Obatalá, Grande Arquiteto do Universo, etc. Mas estas variações de nome não alteram o significado, são todos nomes para prestar homenagens ao Senhor e criador do universo.

É sabido que uma das mais absurdas interpretações feitas contra a Umbanda se refere ao equívoco de acusá-la como uma religião politeísta. A razão disso, provavelmente, se deve ao fato de a Umbanda devocionar os Orixás. O leigo e muitas vezes opositor da Umbanda interpreta a presença dos Orixás, na ritualística umbandista, como sendo uma forma de adoração a vários deuses. E, por conta desse erro de interpretação, soma-se ainda a acusação de ser também uma religião primitiva. Lamentável que muitos ainda pensem desta forma sobre a Umbanda.

Não temos dúvidas que a presença dos Orixás na Umbanda seja o maior legado africano que a Umbanda recebeu. Mas diferente do Candomblé ou Batuque Gaúcho, que cultuam os Orixás, a Umbanda, por outro lado, os reconhece e os devociona. É preciso sublinhar, no entanto, que não há assentamento de Orixás na Umbanda, como acontece nas religiões de matriz africana. Bem por isso há uma gritante diferença na relação ritualística feita com os Orixás, por parte dessas duas religiões. Enquanto o Candomblé vive quase exclusivamente para o Orixá, com exceção do culto a Egum, a Umbanda insere o Orixá em seu ritual, mas apresenta uma proposta totalmente diferente, ou seja, uma roupagem mais ampla.

A Umbanda se caracteriza, em seus trabalhos, com as almas de Caboclos, Pretos Velhos, Exus, Ciganos, Marinheiros, Boiadeiros, Baianos, Cosme, etc. O Orixá nesse caso dá a cobertura para essas almas trabalharem, elas vêm irradiadas e em nome do Orixá, mas não é o Orixá. Enquanto nas religiões de matriz africana a manifestação do Orixá é praticamente obrigatória, pelo fenômeno de "possessão". A linha que separa as religiões afro-brasileiras para quem não é deste meio religioso é muito tênue, e para o leigo quase sempre é difícil fazer essa distinção. Com a frequência nos Terreiros de Umbanda, depois de algum tempo, o simpatizante começa a fazer a distinção entre Umbanda e as outras religiões afro-brasileiras, sobretudo, em relação ao Batuque e ao Candomblé.

Mas o que seriam os Orixás afinal de conta? Esta pergunta é muito comum por parte dos simpatizantes da Umbanda. Podemos dizer que Orixás são emanações da divindade. Parece que Deus em sua infinita sabedoria e amor criou os Orixás para nos auxiliar em nossa caminhada cósmica. Não resta dúvida que o homem sem o Orixá ficaria sem norte. Poderíamos até fazer a comparação dos Orixás com os Anjos que são citados no evangelho. Anjo é o nome que a Teologia cristã deu a estes seres celestes. Estas enigmáticas criaturas funcionam como intermediários entre Deus e os seres humanos.

É importante lembrar que a palavra Anjo vem do hebraico, é *malak*, e a palavra grega correspondente é *angelos*, que em ambos os casos significa "mensageiro". Esta hierarquia celeste é constituída por nove ordens de anjos, agrupadas em disposição ternária de anjos. Sendo a primeira tríade formada por Serafins, Querubins e Tronos. A segunda tríade, por Dominações, Virtudes, Potestades e Principados. A terceira por Principados, Arcanjos e Anjos. E todas essas divindades exercem um papel importante no equilíbrio e manutenção do cosmos. Além, é claro, de auxiliar a humanidade em sua caminhada.

## Capítulo 10

Os africanos não conheciam o evangelho, e muito menos tinham contato com outras culturas, pelo menos nos primórdios de sua civilização, e bem antes das grandes navegações, patrocinadas principalmente pelo velho mundo europeu. Mas isto não impediu o africano de se manifestar com seu pensamento culto e ricamente simbólico, e desenvolver, da sua maneira, o contato com o sagrado.

É importante entendermos que o africano só poderia retratar o sagrado, e por extensão as suas divindades, com sua roupagem cultural e religiosa. O homem branco não circulava ainda nessa milenar cultura. Por isso, quando temos um olhar mais atento, percebemos que os Anjos e os Orixás exercem as mesmas funções, estando a serviço de Deus, a favor da humanidade. Logo, poderíamos perguntar: salvo as diferenças culturais e religiosas de cada etnia, os Anjos e Orixás não seriam a mesma coisa? Acreditamos que sim, pelo menos se há diferença é muito mais na forma que no fundo. Para fazermos um paralelo, citemos uma frase que é repetida mais de sessenta vezes no livro de Isaías, "Senhor dos Exércitos", já no novo testamento "milícia celestial" (Luc. 2:13). É atribuído ao Arcanjo Miguel o título de senhor do Exército celestial. O curioso é que para os africanos existe também um senhor dos exércitos que está a serviço de Olorum, e este é o Orixá, é Ogum. Poderíamos ainda atribuir várias funções compatíveis entre Orixás e Anjos, para não dizer que são as mesmas. Desde Exu a Oxalá é possível encontrar correspondência com toda a corte de Anjos e Arcanjos.

Assim, dizer que a Umbanda é politeísta por devocionar seus Orixás é um erro primário, da mesma forma que acusar o cristianismo de politeísmo por devocionar os Anjos. Portanto, podemos refutar essas acusações infundadas e declarar, sem medo de errar, que a Umbanda é monoteísta e cristã.

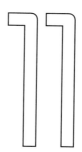

# Os quatro pilares do conhecimento na Umbanda

É no mínimo curioso quando as pessoas tratam a Umbanda como uma seita primitiva, ou como uma espécie de macumba. Este julgamento mostra, no mínimo, desconhecimento de causa. Eufemismo à parte, os que assim pensam a respeito da Umbanda são, a bem da verdade, muito ignorantes. Ora, uma religião que consegue reunir em seus fundamentos arte, ciência, e filosofia não é pouca coisa, e, somos obrigados a reconhecer, trata-se de uma religião de elevado nível espiritual.

A evolução da humanidade, como sabemos, ascendeu por meio destas quatro vias do conhecimento. Ou seja, a religião e a arte que, desde os primórdios da humanidade, se manifestam nas mais variadas raças e culturas. Em seguida, a filosofia e a ciência se tornam, juntamente com as outras duas, as quatro vias deste conhecimento.

## Capítulo 11

Podemos reconhecer a presença da arte na Umbanda na beleza de seus pontos cantados com uma melodia envolvente. A ponto do Mestre Omolubá, de forma genial, se referir à Umbanda como a magia do ritmo. Esta magia está presente nas danças das entidades, nas suas mais variadas roupagens, com uma coreografia envolvente, que não deixa de exibir graça artística por parte destas entidades para realizá-las. Os pontos riscados, que são, na verdade, "logomarcas" para identificar linhas e entidades, sinalizam quem são e para que vieram. E tudo isso é realizado dentro da Umbanda com estética e técnica, logo, com arte.

A Filosofia aparece por meio da revelação de um saber transcendental, oriundo do plano astral. E os porta-vozes deste saber são os mentores da Umbanda, que iluminam o caminho dos umbandistas mediante um exercício para nos fazer refletir sobre o motivo de nossas existências. Este pensar nos induz pela busca da verdade. Desfazendo, num processo de reciclagem, nossas ilusões e falsas verdades, mas sempre nos encorajando a buscar respostas às perguntas que inquietam o ser humano desde os primórdios da humanidade, e compelindo a seguir em frente na busca de respostas que satisfaçam a razão a não aceitar passivamente dogmas. Isto é filosofia.

A Ciência aparece na Umbanda como um conhecimento que permite prever garantias de suas afirmações no campo mediúnico. Isto é, por suas demonstrações que comprovam sua realidade. Este estudo permitiu comprovar, ao longo de décadas, as mais variadas formas de mediunidade. E os experimentos realizados, durante longo tempo, por pesquisadores e médiuns estudiosos desses fenômenos, mostraram quanto ainda temos que saber sobre esta realidade desconsiderada. Entretanto, ainda hoje, infelizmente, com todo o gritante reconhecimento desses fatos, há um descaso por parte daqueles que ocupam a posição do suposto saber. Estes não se permitem ter um olhar para este tipo de ciência.

E, por fim, a última instância do conhecimento humano, a religião. É como tal, que podemos categoricamente assim definir a Umbanda. O transcendental faz parte da Umbanda, não sendo uma prerrogativa sua, sabemos, mas está inserida nela como um de seus atributos por ser o aspecto religioso sua verdadeira substância. Mas este transcendental não aparece na Umbanda como algo supersticioso. Muito pelo contrário, aparece, sim, como algo que permite o médium situar-se além dos limites impostos pelo materialismo reinante, procurando desenvolver todos os poderes inerentes ao homem, conferindo-lhe, com isto, um poder de agir em duas realidades, no plano físico e no plano astral, contando, ainda, com a possibilidade de conhecer o misterioso e imperscrutável. Como resultado, seguindo os princípios da Umbanda, se alcança um viver em toda sua amplitude, sobretudo, com uma vida bem interessante e mais digna.

Esta é a Umbanda, aquela que ainda é incompreendida.

# Umbanda – uma instituição a ser entendida

Procuro sinalizar, em todos os capítulos deste livro, algumas das principais dificuldades que a Umbanda tem passado neste primeiro século de existência. Que sabemos, a bem da verdade, não foram poucas. Dificuldades estas que servem como obstáculo para o natural desenvolvimento da Umbanda em nosso País, como uma nova religião. E nesse emaranhado todo, onde sempre se encontrou a Umbanda, é penoso reconhecer quantas dificuldades ainda se têm para expressar com clareza o que ela é. Mas, insisto em afirmar, que de todas as dificuldades que ainda enfrentamos, sem sombra de dúvida, a maior é a crise de identidade que nos assola como já o dissemos à exaustão.

É percebível que não são todos os umbandistas que se assumem perante a sociedade. Muitos resistem a qualquer forma de comprometimento que os identifiquem como umbandistas.

Outra gritante dificuldade parece estar em nossa estrutura teológica, pois tudo o que está relacionado com a doutrina umbandista apresenta-se com inúmeras interpretações, faltando um livro doutrinário para unificar a teologia umbandista e esta situação pode, muitas vezes, atrapalhar na prática de um verdadeiro sacerdócio, pois são raras as escolas de formação para sacerdotes de Umbanda. A não ser por pequenas iniciativas, nesse sentido, por parte de alguns terreiros que procuram, com muita luta e dignidade, dar formação sacerdotal. O que é louvável, mas paliativo, em razão da forte demanda de candidatos a sacerdotes que a Umbanda possui.

Outra dificuldade está nas várias roupagens com que a Umbanda se apresenta. Ora é Umbanda Branca, ora é Umbanda Cruzada, em outros momentos é "umbandec", uma espécie de Umbanda misturada com kardecismo. Em outro momento ainda é um "umbandomblé", Umbanda com rituais de Candomblé. Umbanda que tem Exu e Umbanda sem Exu. São muitas práticas em uma mesma religião, o que acaba complicando e afastando aqueles que tentam, de todas as maneiras, entender a Umbanda.

Para pontuar, mais outra dificuldade que atinge a Umbanda é a situação ocasionada pelas dificuldades econômicas, pois são poucos os terreiros que conseguem ter uma receita que seja suficiente para oferecer as condições necessárias ao atendimento público, em razão dos expressivos gastos para a sua manutenção. Muito por culpa, a meu ver, da velha cultura umbandista, que diz: "fazer a caridade", ou seja, trabalhar de graça. Esta política econômica tem servido tão somente para falir a Umbanda no plano material. E há ainda quem a defenda, como sendo um postulado da Umbanda. O que sabemos tratar-se de um grande equívoco.

A Umbanda tem sua estrutura astral e necessita, para poder exercer suas atividades, de uma estrutura no plano físico. E, convenhamos, não pode ser em qualquer lugar, sob pena de macular o ritual. Tem que ser um lugar limpo, com um mínimo de espaço para acomodar bem as pessoas, com segurança e, sobretudo, com uma boa aparência para quem vai adentrar neste espaço religioso. Sobre todas estas coisas já falamos em capítulos anteriores. Mas, é importante relembrar, para reforçar o motivo desta obra, que é mostrar os vários aspectos que fragilizam a Umbanda, a ponto de se criarem, muitas vezes, um impasse na compreensão da sua liturgia.

A situação crítica que vem atingindo a instituição Umbanda, há um século, não pode ser considerada de todo ruim. É até compreensível esta realidade, pois a Umbanda é uma religião jovem e, porque não dizer, no plano físico ainda está construindo-se. Foi neste primeiro século de existência que foram assentadas as bases desta bela obra. Esta base está servindo de estrutura para sustentar todo o edifício, o qual, quero crer, logo estará edificado. Estas dificuldades devem servir para momentos de reflexão, a fim de nos mostrar o que devemos fazer e como fazer, na tentativa de resolver estes desafios que se apresentam.

Penso, também, que a dificuldade deve servir para o crescimento. E este crescimento tem de acontecer neste século XXI. Mas, lembremos que só haverá este crescimento quando retificarmos nossas práticas em relação à Umbanda. Lembrando uma frase lapidar do saudoso Cacique Onofre de Yemanjá que diz: *a Umbanda é uma mãe que espera seus filhos de braços abertos.* Esta é uma bela definição da Umbanda. É, sem sombra de dúvidas, uma grande mãe, aguardando uma atitude mais digna de seus filhos, para usufruírem todos os recursos que ela nos oferece. Que, bem sabemos, não são poucos.

Façamos a nossa parte, assumindo a condição de umbandistas, e dando mostras de que estamos em condições de elevar a Umbanda, enquanto religião, ao nível das grandes instituições que estão a serviço do bem, e ser acima de tudo uma escola cristã para a humanidade. Ainda há tempo para mudarmos a nossa realidade, que ainda não é a ideal. Haverá aqueles que, presos a uma pacata visão, vão considerar desnecessário qualquer movimento em prol dessas mudanças. Mas, como são necessárias, nós as promoveremos, a meu ver, no atual movimento umbandista. Este, infelizmente, já não serve mais para o futuro da Umbanda.

A Umbanda, neste momento, com seu forte campo astral, vai exigir um dinamismo muito maior por parte de seus praticantes, para poder acompanhar as exigências impostas à nossa atual realidade. E aqueles que não tiverem a coragem em se assumir, não demonstrarem motivação para lutar por esta causa, que não deixa de ser o bom combate, não servem para a Umbanda.

Portanto, fica claro que a Umbanda ainda é uma instituição a ser compreendida. E somos os responsáveis pela incompreensão que existe. Cabe, então, somente a nós resolvê-la, mas, para isso, temos que admiti-la e tentar, de todas as maneiras, uma reaproximação entre todos os umbandistas para repensar sobre nossas práticas, sobretudo, enquanto religião, e definir estratégias de enfrentamento para este impasse que tem tornado a Umbanda ainda uma instituição a ser entendida.

# 13
## O umbandista é um estrangeiro em sua pátria

De todas as religiões presentes em nosso País, a única que não é estrangeira é a Umbanda. E, por ironia, é tida como estrangeira para a maioria das pessoas. É claro que esta constatação chega por meio do senso comum. Ainda a esmagadora maioria das pessoas que entram em contato com a Umbanda, e mesmo aquelas que ficam distantes, interpreta o surgimento da Umbanda como vindo da África negra. Isto ainda acontece por essas pessoas não se preocuparem em fazer uma boa leitura sobre a Umbanda. E o pior é quando muitos dirigentes reforçam esta equivocada crença.

Podemos afirmar, sem medo de errar, que todas as outras religiões, ao contrário da Umbanda, são importadas. É num crescente que a belíssima história da Umbanda se espraia por este Brasil afora. E felizmente, de forma gradual, cada vez mais as pessoas começam a conhecer e se interessar por esta bela epopeia.

E isto se deve ao trabalho incansável de alguns umbandistas que diuturnamente procuram resgatar a histórica manifestação da Umbanda no plano físico.

Porém, muito ainda tem o que se divulgar sobre a Umbanda, sobretudo, clareando para os leigos que sua existência se justifica pelo compromisso assumido com o astral superior para a exclusividade na prática do bem. Qualquer trabalho que se faça visando ao mal não pertence aos domínios da Umbanda. E isto deve ser priorizado para poder retirar a sombra que ainda permanece em seu invólucro.

Enquanto umbandistas comprometidos com a causa, sabemos o quanto temos que ser fortes, em razão de nossa luta ser titânica. As pedras lançadas sobre nós são muitas, e vêm lançadas por catapultas, e a maior que nos chega diuturnamente é a pedra do preconceito. É lamentável perceber uma política de omissão por parte do poder público em relação à Umbanda. Não pode haver combinação mais perversa do que uma nação com pouca vontade política, e que ignora uma manifestação espiritual da grandeza da Umbanda, de um lado, e os estudiosos e pesquisadores reforçando esta atitude, de outro, virando a cara para um contexto histórico dessa magnitude em nosso País. Com uma atitude de exclusão, não inserindo a Umbanda como um fato de máxima importância no histórico e efervescente início do século XX no Brasil. Destacaram-se, muitas vezes, fatos históricos bem menos importantes e até de pouca monta, se comparado com o fenomenal surgimento da Umbanda. Certamente atitudes como estas revelam um refinado requinte de terrorismo praticado contra a Umbanda.

A questão que sempre nos perguntamos é a seguinte: o que justificou tamanho descaso? Certamente as respostas podem ser as mais diferentes, mas nenhuma nos satisfaz. O que realmente nos interessa é continuar de forma rápida e com denodo divulgando a Umbanda e mostrando sua importância enquanto instância religiosa e cultural.

Nas primeiras décadas do século XX, com o surgimento da Umbanda, tudo indicava que haveria uma quebra da hegemonia da religião oficial, com esta nova religião. Havia a expectativa para alguns umbandistas, bem otimistas, que a Umbanda logo se tornaria a religião predominante em nosso País. Felizmente isso não aconteceu, o que não seria nada interessante trocar uma religião oficial por outra. Mas é compressível este otimismo e até explicável, na medida em que se toma conhecimento da forma arrebatadora que a Umbanda prolifera nas primeiras décadas do século passado.

Porém, ao contrário dos dias de hoje, no século passado se praticava Umbanda olhando para a Igreja Católica. Claro que este olhar num primeiro momento é até necessário, pois a Umbanda nasce desnuda sem apoio algum e quase do nada. A força vinha do astral e do vigor moral e espiritual do jovem Zélio Fernandino de Moraes. Não podemos esquecer que somos herdeiros de um processo colonizador europeu, e a igreja se firma de vez em nosso País como a grande rainha junto com o Rei de Portugal e sua corte. Nesses primeiros anos de vivência da Umbanda era importante sinalizar alguma ligação, mesmo que por uma linha muito tênue, com a Santa Madre Igreja Católica Apostólica Romana. Lembremos que o nome do Centro de Umbanda proferido pelo Caboclo das Sete Encruzilhadas chamava-se Nossa Senhora da Piedade. E as outras tendas que surgiram ligadas à Tenda do Zélio, todas elas receberam nomes de santos católicos.

Assim, o umbandista é um cidadão brasileiro que paga seus impostos, atua em vários segmentos sociais e profissionais, se preocupa com princípios da caridade e é ligado à espiritualidade. Estuda sua doutrina em silêncio sem molestar ninguém, respeita todas as religiões e consegue conviver pacificamente com todas. Defende uma religião que nasceu em seu País, e se orgulha disso. No entanto, por ser umbandista, não é reconhecido e muito menos respeitado. É alguém estigmatizado e perseguido, quando não odiado por ser acusado de macumbeiro e demoníaco.

O governo deveria ter um olhar para nós umbandistas, mas um olhar firme e comprometido, e não um olhar de soslaio disfarçado. Muitas e complexas são as necessidades da comunidade afro-brasileira, as quais deveriam ser atendidas plenamente pelo estado brasileiro. E ser atendida principalmente nas reivindicações na ordem da fé. São inúmeros os projetos que são encaminhados às Assembleias Legislativas, como para o Senado Federal, para instituir o dia 15 de novembro como o Dia Nacional da Umbanda. No entanto, todas as tentativas foram frustrantes, pois fracassaram por pouca vontade política.

O umbandista recebe atenção política em período eleitoral, nesse momento somos visitados, abraçados e ouvidos sobre nossa dura realidade. Muitas promessas nos chegam, acenando com um futuro de inclusão em projetos sociais importantes. Mas, infelizmente, tudo fica no acalorado discurso da hora. Enquanto não acordamos para a realidade, a bancada católica e evangélica cresce a cada novo pleito, e nós não conseguimos eleger representantes da nossa religião. Temos sempre que contar com a simpatia de um ou outro político sensibilizado pela nossa causa, mas na verdade são bem poucos os que se pronunciam a nosso favor. O que é compreensível até certo ponto, pois um candidato apoiar umbandistas significa um grande risco depender de votos de outras comunidades e não se eleger.

Quando ocorre a posse de alguém para algum cargo público, não se enxerga nem um Babalorixá ou Sacerdote umbandista como convidado especial. Para muitos, querer estar presente em uma solenidade de posse como convidado seria pura vaidade. No entanto, representantes de outros credos são convidados, e para estes não soa como vaidade, mas sim como um convite de um dignitário religioso. Não podemos mais ser coniventes com esta realidade, esta omissão de nossa parte auxilia a ocultar esta chaga da exclusão que nós umbandistas sofremos.

Assim, devemos gritar o mais alto possível a todo o poder público, para declarar nossos direitos. E trabalhar, exaustivamente, para conquistar nossos interesses, mostrando permanente disposição para esta luta. Por isso, o umbandista necessita ser muito forte em seu próprio País, em razão da sua luta ser desigual – enquanto os adeptos de outro credos religiosos são acolhidos pela sociedade e pelo poder público, o umbandista, ao contrário, continua sendo um estrangeiro em sua própria terra.

# Umbanda – um encontro da diversidade racial

**T**alvez, de todas as contribuições que a Umbanda nos oferece, nenhuma é tão sutil e genial quanto ao que ela nos brinda, como o encontro da diversidade racial em seus templos. Ali nós podemos ver a raça vermelha, negra, amarela e branca, todas juntas, ocupando o mesmo espaço sagrado. Isto dito assim pode parecer pouco, mas se levarmos em conta que a Umbanda nasceu em 1908, e, em 1911, aconteceu o Primeiro Congresso Mundial de Eugenia em Londres – nessa oportunidade o antropólogo brasileiro João Batista Lacerda declarou radiante que *em 2010 já não haveria negros no Brasil*. Um erro crasso, diga-se de passagem, e uma alegria para nós umbandistas e para a esmagadora maioria da nação brasileira. Felizmente, segundo o IBGE, somos 50% de negros e mulatos.

O século XX foi todo marcado com a ideia da eugenia. Em 1918 foi criada, em São Paulo, a primeira sociedade eugênica, e foi a primeira instituição do gênero na América do Sul. E toda esta ideologia a favor de uma raça em detrimento de outras marcou fortemente o Brasil no início do século XX. O grande mérito da Umbanda está, exatamente, em surgir em um período marcado com uma proposta de uma raça pura.

Quando a Umbanda traz sua roupagem espiritual e revela-se na Federação Espírita de Niterói, causa visivelmente um desconforto nos integrantes daquela Casa. Pois a revelação do Caboclo das Sete Encruzilhadas vem contrariar toda pretensão de se ter espíritos de luz nessa tal Umbanda, já que não eram espíritos de brancos, eram índios e negros ou mestiços. Que decepção para o senhor José de Souza, uma nova religião tinha a pretensão de se constituir, no Brasil, sob a égide de espíritos de índios e negros. E o curioso é que o Caboclo das Sete Encruzilhadas sinaliza o equívoco do senhor José de Souza, quando diz para este cidadão que ele atribui à evolução espiritual a raça. Mas, infelizmente, o Presidente da casa estava com sua escuta surda para qualquer consideração do Caboclo das Sete Encruzilhadas.

Para esta pequena população branca "católica-espírita" do Brasil, do início do século XX, que detinha o poder econômico e intelectual, as raças negra, vermelha e os mestiços eram considerados raças impuras, logo, inferiores à raça branca. O plano mor deste período era branquear o Brasil, aí se explica o movimento eugênico em nosso "continente" brasileiro, pois só assim este País se tornaria eficiente e puro, ou seja, evoluído.

A Umbanda, sob o comando do Astral Superior, desfere um golpe duro para estes brasileiros detentores do poder. Uma religião que resgata estes espíritos "inferiores" e ainda rende tributo a eles como seres do bem é algo que deve ser execrado. Assim, percebemos que nestes cem anos de Umbanda ela, com todas as dificuldades que tem enfrentado, pode se considerar uma instituição religiosa que deu certo.

# Eventos na Umbanda

A **Umbanda**, como as demais religiões, permite que haja eventos relacionados às suas mais variadas atividades. São festas para homenagear suas entidades, Orixás e patronos dos terreiros. Assim como outras tantas que classificamos como eventos de ordem interna do templo. Nestas, podemos dizer que a frequência é maciça por parte dos fiéis de cada casa de religião. Isto se deve aos vínculos estreitos entre os frequentadores da mesma casa. Sobretudo, pela autoridade do dirigente que inspeciona tudo e reclama a presença de todos de sua corrente em qualquer movimento do terreiro, pois tudo gira em torno da figura do chefe do terreiro, e não poderia ser diferente, porque é este que ocupa a função mor, por representar a mais alta autoridade da casa. Nessas práticas internas, os resultados são sempre satisfatórios, porque existe um forte engajamento por parte dos membros da casa de religião.

Já em âmbito maior, em relação a eventos fora do terreiro, há um gritante contraste, quando envolve, nas realizações religiosas, alguma instituição associativa ou até mesmo federativa. Aqui o resultado é outro. Há pouca participação por parte das casas de religião. A causa desse fenômeno está relacionada à falta de consciência corporativa por parte da maioria dos dirigentes de casas, os quais, consequentemente, transmitem isso de forma velada aos seus seguidores, dando lugar à cultura de desunião. Mais importante que a religião é a sua casa. Se ocorrer a promoção de um seminário, congresso, em que se cria um momento para repensar a religião, não há interesse. Ou, até mesmo, um encontro em que haja a construção de algo em nome da religião, também, não é suficiente para mobilizá-los. As explicações para a ausência são muitas, mas pouco justificáveis em sua maioria. Um trabalho interno não pode sofrer um adiamento, já um evento que é esporádico e de maior envergadura, este pode. Pois não é tão importante quanto o meu.

O que impressiona na atitude desses dirigentes é a falta de tirocínio. Ora, não sabem eles que, geralmente, esses encontros são uma vez ao ano, ainda quando ocorrem, pois algumas atividades são exclusivamente para um único encontro. Enquanto as atividades em suas casas são semanais e rotineiras, o que, com toda certeza, com um pouco de boa vontade e organização, poderiam transferir seus trabalhos em detrimento de uma causa maior, ou até mesmo em último caso, que seja impossível transferir a atividade no terreiro, passe para o comando de outro médium o trabalho a ser feito.

Essa falta de engajamento faz com que a religião não saia de seu entorno. Quando há a oportunidade de ocupar um espaço que, por direito, é nosso, como muitas vezes tivemos nas dependências do poder público, onde tudo que ali acontece repercute em toda a comunidade, não se reconhece como algo importante. Esses encontros em nome da religião não são importantes, o mais importante de tudo é minha casa.

# Sacerdócio na Umbanda

Em todas as religiões, o papel de condutor é exclusivo do sacerdote. Muitas religiões antigas, sobretudo no Oriente, tiveram os seus Mistérios e consequentemente os seus sacerdotes com pedra angular para ministrar e perpetuar toda a estrutura teológica nas suas práticas religiosas. E tudo leva a crer que, pela tradição judaica, o pai do judaísmo e o primeiro sacerdote que se tem notícia foi Abraão. E este personagem sem dúvida influenciou muito a construção religiosa do Ocidente.

Para uma instituição ser considerada religiosa, um dos pré-requisitos é ter um corpo sacerdotal. Este é um dos aspectos que nós, umbandistas, questionamos em relação aos nossos irmãos kardecistas. A razão do nosso questionamento é que ora os kardecistas definem-se com uma doutrina filosófica, com escopo científico, e ora como uma religião. Ainda não ficou claro para nós qual é a definição exata que eles se atribuem. E nos parece, segundo o discurso de alguns kardecistas, que nem para eles esta

## Capítulo 16

situação está clara. Mas se eles insistirem em definir sua doutrina como uma religião, então, estamos diante de um impasse. Como poderemos oficializar um culto ou um rito sem a presença de um sacerdote? Simplesmente impossível. Outro ofício que cabe somente ao sacerdote é a realização dos sacramentos, que é outro pré-requisito para a estrutura religiosa. E também nos parece que os sacramentos não se inserem na doutrina espírita, pelo menos tudo indica que elas não oficiam esses rituais. Este nosso questionamento não é direcionado à doutrina kardecista, que como já o dissemos é belíssima e muito importante pelo trabalho que realiza. Mas seria esclarecedor se nossos irmãos espíritas se preocupassem mais em definir se o kardecismo é de fato uma religião ou uma filosofia, como apregoam muitos de seus adeptos. Com uma resposta coerente preencheriam esta incômoda lacuna.

E para encerrar esta primeira consideração sobre o kardecismo ser ou não uma religião, concluímos que é tão importante o trabalho da doutrina kardecista que realmente ela não possui um corpo sacerdotal e também não se estrutura como uma religião, e isto já é fato consumado. Mas não podemos negar que o espiritismo é uma instituição extremamente religiosa.

Já na umbanda a figura do sacerdote é imprescindível, em razão de a Umbanda ser uma instituição religiosa, mesmo que muitos ainda não compreendam assim. Este papel é bem definido na Umbanda. O sacerdócio não é objeto estranho nesta religião. São anos de dedicação e prática para atingir o grau de sacerdote dentro da Umbanda. E o sacerdote de Umbanda, quando bem preparado, é um servidor da luz em sua comunidade. O reconhecimento pelo seu trabalho virá, por parte das pessoas e do astral, com o devido tempo, mas sempre com muita dedicação em prol dos necessitados e carentes.

Por ironia, a dificuldade, por mais estranho que possa parecer, está em como definir este sacerdote, ou melhor, como nominá-lo. Na igreja católica é Padre, na evangélica Pastor, no judaísmo Rabino, no candomblé Babalorixá ou Yalorixá. E na Umbanda como se chama o sacerdote? Alguns se definem, como no Candomblé, Babalorixá, o que num primeiro momento não nos parece adequado. A não ser para aqueles que são realmente prontos no Candomblé (raspado e catulado) ou no Batuque. Ou ainda para quem pratica tanto a Umbanda como o Candomblé. Esta é uma terminologia africana que significa Pai no Orixá, exatamente por estes cultuarem os Orixás. O que não acontece na Umbanda. E os próprios candomblecistas não gostam que umbandistas assim se definam, por não serem "feitos no Santo".

Outros se intitulam Cacique de Umbanda, o que nos parece ser mais apropriado, já que se rende tributo aos Caboclos da Umbanda. Porém, esta pode não ser ainda a melhor definição. Outros utilizam o termo Dirigente Espiritual, o que passa uma impressão mais distante do real papel do sacerdócio.

Outra queixa que algumas pessoas ligadas às religiões de matriz africana seguidamente fazem está relacionada ao ligar o nome da pessoa com o Orixá pessoal. Como exemplo: João de Oxalá, ou Maria de Oxum. Para os africanistas, este é um privilégio somente de quem cultua o Orixá. O que na Umbanda não é o caso. Se João e Maria fossem somente de Umbanda, deveriam se chamar assim: João do Caboclo Sete Flechas e Maria da Cabocla Oxum.

## Capítulo 16

Estes são alguns dos ajustes que nós Umbandistas teremos que fazer, para haver, no futuro próximo, consenso no que tange a essas particularidades. As indefinições só nos atrapalham e, sem dúvida, influenciam negativamente na unificação da nossa doutrina.

Portanto, o que podemos definir é que a Umbanda enquanto religião possui dignos representantes, que podem ser reconhecidos pela sua importância e qualidade como sacerdotes. E que podem exercer este papel com toda a dignidade por serem diferentes dos sacerdotes das outras religiões. Nas outras religiões, é a pessoa que escolhe ser sacerdote, na Umbanda geralmente é o contrário, o sacerdote é escolhido pelo Astral.

# Umbanda em tempo de história

Em fins do século passado, existiam no Rio de Janeiro várias modalidades de culto que denotavam, nitidamente, a origem africana, embora já bem distanciadas da crença trazida pelos escravos. A magia dos velhos africanos, transmitida oralmente, por meio de gerações, desvirtuara-se, mesclada com as feitiçarias vindas de Portugal, onde, no dizer de Morales de Los Rios, existiram sempre feitiços, rezas e superstições.

As "macumbas" – mistura de catolicismo, fetichismo negro e crenças nativas – multiplicavam-se; tomou vulto a atividade remunerada do feiticeiro, o "trabalho feito" passou à ordem do dia, dando motivo a outro para lhe destruir os efeitos maléficos; generalizaram-se os "despachos", visando a obter favores para uns e prejudicar terceiros; aves e animais eram sacrificados, com as mais diversas finalidades; exigiam-se objetos raros para homenagear entidades ou satisfazer elementos do baixo astral. Sempre,

## Capítulo 17

porém, obedecendo aos objetivos primordiais: aumentar a renda do feiticeiro ou "derrubar" – termo que esteve muito em voga – os que não se curvassem ante os seus poderes ou pretendessem fazer-lhe concorrência.

Os Mentores do Astral Superior, porém, estavam atentos ao que se passava. Organizava-se um movimento destinado a combater a magia negativa que se propagava assustadoramente, cumpriam atingir, de início, as classes humildes, mais sujeitas às influências do clima e superstições que imperavam na época.

Formaram-se, então, as falanges de trabalhadores espirituais, que se apresentariam na forma de Caboclos e de Pretos Velhos, para mais facilmente serem compreendidos pelo povo. Nas sessões espíritas, porém, não foram aceitos, identificados por essas formas eram considerados espíritos atrasados e suas mensagens não mereciam nem mesmo uma análise.

Acercaram-se também dos Candomblés e dos cultos então denominados "baixo espiritismo" – as macumbas. É provável que, nestes, como nos Batuques do Rio Grande do Sul, tenham encontrado acolhida, com a finalidade de serem aproveitados nos trabalhos de magia, como elementos novos no velho sistema de feitiçaria.

A situação permanecia inalterada, ao iniciar-se o ano de 1900. As determinações do Plano Astral, porém, deveriam cumprir-se. Em 15 de novembro de 1908, compareceu a uma sessão da Federação Espírita, em Niterói, então dirigida por José de Souza, um jovem de 17 anos, de tradicional família fluminense. Chamava-se ZÉLIO FERNANDINO DE MORAES.

Restabelecera-se, no dia anterior, de moléstia cuja origem os médicos haviam tentado, em vão, identificar. Sua recuperação inesperada por um espírito causara enorme surpresa. Nem os doutores que o assistiam, nem os tios, sacerdotes católicos, haviam encontrado explicação plausível. A família atendeu, então, à sugestão de um amigo, que se ofereceu para acompanhar o jovem Zélio à federação.

Zélio foi convidado a participar da mesa. Iniciado os trabalhos, manifestaram-se espíritos que se diziam de índios e escravos. O dirigente advertiu-os para que se retirassem. Nesse momento, Zélio sentiu-se dominado por uma força estranha e ouviu sua própria voz indagar porque não eram aceitas as mensagens dos negros e dos índios e se eram considerados atrasados apenas pela cor e pela classe social que declinavam. Essa observação suscitou quase um tumulto. Seguiu-se um diálogo acalorado, no qual os dirigentes dos trabalhos procuravam doutrinar o espírito desconhecido que se manifestava e mantinha argumentação segura. Afinal, um dos videntes pediu que a entidade se identificasse, já que lhe aparecia envolta numa aura de luz.

— Se querem um nome – respondeu Zélio indiretamente mediunizado – que seja este: sou o CABOCLO DAS SETE EN-CRUZILHADAS, porque para mim não haverá caminhos fechados. E, prosseguindo, anunciou a missão que trazia: estabelecer as bases de um culto, no qual os espíritos de índios e escravos viriam cumprir as determinações do Astral. No dia seguinte, declarou ele, estaria na residência do médium, para fundar um templo, que simbolizasse a verdadeira igualdade que deve existir entre encarnados e desencarnados.

## Capítulo 17

— Levarei daqui uma semente e vou plantá-la no bairro de Neves, onde ela se transformará em árvore frondosa. No dia seguinte, 16 de novembro de 1908, na residência da família do jovem médium, na Rua Floriano Peixoto, 30, em Neves, bairro de Niterói, a entidade manifestou-se, pontualmente, no horário previsto – 20 horas. Ali se encontravam quase todos os dirigentes da Federação Espírita, amigos da família, surpresos e incrédulos, e grande número de desconhecidos, que ninguém poderia dizer como haviam tomado conhecimento do ocorrido. Alguns deficientes físicos aproximaram-se da entidade, receberam passes e, ao final da reunião, estavam curados. Foi essa uma das primeiras provas da presença de uma força superior.

Nessa reunião, o Caboclo das Sete Encruzilhadas estabeleceu as normas do culto, cuja prática seria denominada "sessão" e se realizaria à noite, das 20 às 22 horas, para atendimento público, totalmente gratuito, passes e recuperação de obsedados. O uniforme a ser usado pelos médiuns seria todo branco, de tecido simples. Não se permitiria retribuição financeira pelo atendimento ou pelos trabalhos realizados. Os cânticos não seriam acompanhados de atabaques nem de palmas ritmadas.

A esse novo culto, que se alicerçava nessa noite, a entidade deu o nome de UMBANDA, e declarou fundado o primeiro templo para sua prática, com a denominação de Tenda Espírita Nossa Senhora da Piedade, porque: *assim como Maria acolhe em seus braços o Filho, a Tenda acolheria os que a ela recorressem, nas horas de aflição.*

Por intermédio de Zélio manifestou-se, nessa mesma noite, um Preto Velho, Pai Antônio, para completar as curas de enfermos iniciadas pelo Caboclo. E foi ele quem ditou este ponto, hoje cantado no Brasil inteiro:

*Chegou, chegou*
*Chegou com Deus*
*Chegou com Deus*
*O Caboclo das Sete Encruzilhadas*

A partir dessa data, a casa da família de Zélio tornou-se a meta de enfermos crentes, de descrentes e de curiosos. Os enfermos eram curados; os descrentes assistiam a provas irrefutáveis; os curiosos constatavam a presença de uma força superior, e os crentes aumentavam, dia a dia. Cinco anos mais tarde, manifestou-se o Orixá Malet, exclusivamente para a cura de obsedados e o combate aos trabalhos de magia negra.

Passados dez anos, o CABOCLO DAS SETE ENCRUZILHADAS anunciou a segunda etapa da sua missão: a fundação de sete templos, que deveria constituir o número central para a difusão da Umbanda. A Tenda Nossa Senhora da Piedade trabalhava ativamente, produzindo curas, principalmente a recuperação de obsedados, considerados loucos, na época. Já se contavam então as centenas de curas realizadas pela entidade, comentadas em todo o Estado e confirmadas pelos próprios médicos, que recorriam à Tenda em busca da cura dos seus doentes. E o Caboclo indicava, nas relações que lhe apresentavam com o nome dos enfermos, os que poderia curar: eram os obsedados, portadores de moléstias de origem psíquica; os outros, dizia ele, competia à medicina curá-los (Relato de Marinho M. Ferreira).

Zélio, então casado, por determinação da entidade recolhia os enfermos mais necessitados em sua residência, até o término do tratamento astral. E muitas vezes, as filhas Zélia e Zilmeia, crianças ainda, cediam os seus aposentos e dormiam em esteiras, para que os doentes ficassem bem acomodados.

Nas reuniões de estudos que se realizavam às quintas-feiras, a entidade preparava os médiuns que seriam indicados, posteriormente, para dirigir os novos templos. Fundaram-se, assim, as Tendas Nossa Senhora da Guia, Nossa Senhora da Conceição, Santa Bárbara, São Pedro, Oxalá, São Jorge e São Jerônimo. Seus dirigentes foram: Durval de Souza, Leal de Souza,* João Aguiar, José Meireles, Paulo Lavois, João Severino Ramos e José Álvares Pessoa,** respectivamente.

Pouco depois a UMBANDA começou a expandir-se pelos Estados. Em São Paulo, fundaram-se, na capital, 23 tendas, e 19 em Santos. E, a seguir, em Minas, Espírito Santo, Rio Grande do Sul. Em Belém – relata Evaldo Pina – fundou-se a Tenda Mirim de São Benedito, dirigida por Joaquim e Consuelo Bentes. Ele, capitão do Exército, que servia na capital da República, transferiu-se para o Pará, exclusivamente para levar a mensagem do CABOCLO DAS SETE ENCRUZILHADAS.

Confirmava-se a frase pronunciada na Federação Espírita: "Levarei daqui uma semente e vou plantá-la no bairro de Neves, onde ela se transformará em árvore frondosa..."

Em 1937, os templos fundados pelo CABOCLO DAS SETE ENCRUZILHADAS reuniram-se, criando a Federação Espírita de Umbanda do Brasil, posteriormente denominada União Espi-

---

* A Tenda Espírita Nossa Senhora da Conceição foi fundada, em 1918, pela Senhora Gabriela Dionysio Soares, que por problemas pessoais não pôde continuar à frente da tenda. Em seguida, Zélio de Moraes determinou a Leal de Souza que assumisse as direções dos seus trabalhos.

** A Tenda São Jerônimo foi fundada em 1937.

ritualista de Umbanda do Brasil. E, em 1947, surgiu o JORNAL DE UMBANDA que, durante mais de vinte anos, foi um órgão doutrinário de grande valor.

ZÉLIO DE MORAES instalou federações umbandistas em São Paulo e Minas Gerais.

## Efemérides da Umbanda

15 de novembro de 1908: Zélio de Moraes, com dezessete anos, mediunizado com uma entidade que deu o nome de CABO-CLO DAS SETE ENCRUZILHADAS, funda, em Neves, subúrbio de Niterói, o primeiro Terreiro de Umbanda. Usa pela primeira vez o vocábulo UMBANDA, atende a milhares de pessoas doentes e define o movimento religioso como *uma manifestação do espírito para a caridade*.

Novembro de 1918: O CABOCLO DAS SETE ENCRUZILHA-DAS dá início à fundação de Sete Tendas de Umbanda. Todas as Tendas foram fundadas no Rio de Janeiro.

Ano de 1920: A Umbanda espalha-se pelos Estados de São Paulo, Pará e Minas Gerais. Em 1926, chega ao Rio Grande do Sul o primeiro Terreiro de Umbanda, fundado por Otacílio Charão, na cidade de Rio Grande. Em 1932, Laudelino de Souza Gomes funda um terreiro de Umbanda em Porto Alegre, o primeiro naquela capital.

Ano de 1937: Os templos fundados pelo CABOCLO DAS SETE ENCRUZILHADAS reuniram-se, criando a Federação Espírita de Umbanda do Brasil, posteriormente denominada União Espiritualista de Umbanda do Brasil, incorporando dezenas de outros terreiros fundados por inspiração de "entidades" de Umbanda que trabalhavam ativamente no astral sob orientação do fundador da Umbanda.

Outubro de 1941: Reúne-se o Primeiro Congresso de Espiritismo de Umbanda. Outros Congressos havidos posteriormente retiraram acertadamente o nome espiritismo que, de fato, pertence aos espíritas brasileiros, os quais seguem a respeitável doutrina codificada por Alan Kardec. Em suma, o espírita pratica o espiritismo; na Umbanda pratica-se o umbandismo.

Dia 12 de setembro de 1971: Criado na cidade do Rio de Janeiro o primeiro organismo de caráter nacional. Tomou o nome de CONDU – Conselho Nacional Deliberativo de Umbanda, cujos órgãos fundadores foram:
- União Espiritualista de Umbanda do Brasil. Presidente: Floriano Manoel da Fonseca.
- Primado de Umbanda. Presidente: Domingos dos Santos.
- Congregação Espírita de Umbanda do Brasil. Presidente: Martinho Mendes Ferreira.
- Confederação Nacional de Espiritismo Umbandista e dos Cultos Afros. Presidente: Mauro do Rego Monteiro Porto.
- Federação Nacional das Sociedades Religiosas de Umbanda. Presidente: Jerônimo de Souza

Novembro de 1978: Surge o livro *Fundamentos de Umbanda, Revelação Religiosa*, portador da mensagem do Astral, trazendo por fim, após 70 anos de existência da Umbanda, as bases teológicas e norteadoras da doutrina umbandista, com fundamentos integrais da nova religião e sua verdadeira origem. O livro expõe a estrutura básica do movimento religioso, no sentido de elevar a Umbanda à justa posição de religião eminentemente brasileira.

A etimologia da palavra Umbanda está consignada em dicionário próprio como *arte de curar*. Revela notar, entretanto, que este vocábulo sofreu alteração semântica, vindo a significar, no conceito do CABOCLO DAS SETE ENCRUZILHADAS, *uma manifestação do espírito para a caridade*, expressão que recebeu total aprovação do povo. Igual alteração sofreu a palavra Cristo, que todos pensavam ser de primeira mão, sendo, no entanto, de franca usança entre os gregos com a acepção de *Chrestus, o ungido*, antecedendo, portanto, a Jesus – fundador do Cristianismo.

# Palavras finais

**F**inalizar este trabalho, com a proposta de expressar a nossa realidade enquanto umbandistas e pontuando algumas atitudes que nos remete muitas vezes a uma situação de crise, não é tarefa simples. Pois sei que muitos poderão até julgar como algo pretensioso demais por ser dito, simplesmente, por um praticante da Umbanda.

Haverá discordâncias sobre os apontamentos que fiz. Esta obra será analisada e reinterpretada e, talvez ainda, promova acaloradas discussões entre alguns umbandistas. O que, sem dúvida, seria motivo de alegria para este autor. Como poderá, também, não causar nenhuma reação aos leitores, por acharem óbvio demais o que foi escrito. De qualquer maneira, este livro está concluído, o que me causa um grande regozijo, pois sinto ter cumprido com um propósito pessoal. Não foi psicografado nem sugerido por entidade alguma, foi, simplesmente, realização de um antigo desejo, com a intenção de expressar minha crítica em relação a nós umbandistas. Sinaliza os pontos que considero os mais nevrálgicos em nossa prática religiosa, mas lembrando sempre os leitores que o problema não é da Umbanda e, sim, dos umbandistas.

Para justificar o que quero dizer, uso um trocadilho que considero muito pertinente que diz: "muitos entram para a Umbanda, mas a Umbanda não entra neles".

As reflexões feitas antes e durante a conclusão deste livro são fruto de uma vivência permeada com estudo e observação dentro da Umbanda, por mais de 27 anos de militância, na condição de médium e chefe de Terreiro. O que considero um tempo expressivo para me autorizar a escrever algo sobre a majestosa Umbanda.

Neste tempo que convivo na Umbanda, apesar de meu senso crítico, muitas vezes, aparecer com rigidez, sugerindo, em alguns momentos, certo pessimismo em relação a nossa religião, reconheço também, e com muito otimismo, o rico material humano que a Umbanda consegue agrupar em seus templos, que suplanta as nossas limitações pelo potencial mediúnico, intelectual e moral. Bem por isso, percebo um prognóstico muito favorável para a Umbanda, sobretudo, neste século XXI. Evidentemente que sempre sob a égide dos guias, mentores e protetores da sagrada Umbanda. Mas, para isto acontecer mais rápido, se faz necessário que cada dirigente espiritual, além de conhecimento da doutrina e mediunidade, também se torne um gestor administrativo em relação ao seu Templo.

Penso que o maior problema, como já assinalei nesta obra, está na logística e estruturação dos templos. Em especial, na estruturação física. É óbvio que o Templo de Umbanda não tem que ser uma empresa. E muito menos os seus sacerdotes serem executivos, como se percebe em algumas seitas eletrônicas milionárias. Não devemos ser os vendilhões do templo, não é um papel que cabe para os umbandistas. A Umbanda não é de César, como algumas seitas evangélicas, a Umbanda é do Cristo, em pregação e trabalho. De modo que é de fundamental importância que os dirigentes umbandistas passem a ter consciência que o templo umbandista deve ser interpretado como uma sociedade beneficente. E como tal, gerir com seus sócios para se manter dignamente. Este é o grande desafio dos umbandistas neste século que se inicia. Levar a Umbanda a ocupar seu merecido espaço entre as grandes religiões. Mas, para alcançar este nobre propósito, temos que reconhecer que, infelizmente, nós umbandistas estamos ainda em um processo de construção interna. Construção lenta, como num processo de lapidação de uma pedra preciosa, e que só o tempo vai permitir dar mais visibilidade a esta pedra preciosa chamada Umbanda, que é um continente que permite o encontro da diversidade racial e, portanto, uma bela instituição a serviço do bem.

# Bibliografia

BETTIOL, Leopoldo. *Do Batuque e das origens da Umbanda*. Rio de Janeiro: Aurora, 1963.

CAIO DE OMULU. *Umbanda Omolocô: liturgia, rito e convergência (a visão de um adepto)*. São Paulo: Ícone, 2002.

EUFRAZIO, Pompílio Possera de. *Catecismo do Umbandista*. 6ª ed. Rio de Janeiro: Eco, 1974.

LINARES, Ronaldo Antônio *et al*. *Iniciação à Umbanda*. São Paulo: Madras, 2008.

_____. *Iniciação à Umbanda*. V. 2. São Paulo: Ícone, 1992.

MAES, Hercílio. *Mediunismo*. Pelo espírito Ramatis. 9ª ed. Limeira: Conhecimento, 2001.

MAGNO, Oliveira. *Práticas de Umbanda*. 7ª ed. Rio de Janeiro: Espiritualista, 1969.

MAGNO, Oliveira. *Ritual Prático de Umbanda*. 4ª ed. Rio de Janeiro: Espiritualista, 1969.

MOLINA, N. A. *Formação e Cruzamento de Terreiros de Umbanda*. Rio de Janeiro: Espiritualista, 1973.

MOLINA N. A. *Formação e Cruzamento de Terreiros de Umbanda*. Rio de Janeiro: Espiritualista, 1969.

OLIVEIRA, Jota Alves de. *Magias da Umbanda*. 2ª ed. Rio de Janeiro: Eco, 1974.

OMOLUBÁ. *Doutrina e práticas umbandistas: cadernos de umbanda* São Paulo: Ícone, 2009.

OMOLUBÁ. *Orixás: o mito e a religião na vida contemporânea: lendas, arquétipos e religiosidade*. São Paulo: Cristális, 2003.

PEIXOTO, Norberto. *A Missão da Umbanda*. Pelo espírito Ramatis. Limeira: Conhecimento, 2006.

PEIXOTO, Norberto. *Umbanda Pé no Chão*. Pelo espírito Ramatis. Limeira: Conhecimento, 2008.

PINHEIRO, Robson. *Aruanda*. Pelo espírito Angelo Inácio. 2ª ed. Contagem: Casa dos Espíritos, 2004.

PINHEIRO, Robson. *Tambores de Angola*. Pelo espírito Angelo Inácio. Contagem: Casa dos Espíritos, 2006.

PINTO, Altair. *Dicionário da Umbanda*. Rio de Janeiro: Eco, 1971.

PRESTES, Miriam. *Desvendando a Umbanda*. Rio de Janeiro: Pallas, 1994.

SILVA, W. W. da Matta e. *Umbanda de Todos Nós*. 7ª ed. São Paulo: Ícone, 1992.

SOUZA, Florisbela Maria de. *Umbanda para os Médiuns*. 6ª ed. Rio de Janeiro: Espiritualista, 1999.

TEIXEIRA NETO, Antônio Alves. *Umbanda dos Pretos Velhos*. 5ª ed. Rio de Janeiro: Eco, 1974.

_____. *A Umbanda e suas engiras*. Rio de Janeiro: Espiritualista, 1969.

TRINDADE, Liana. *Exu Poder e Perigo*. São Paulo: Ícone, 1985.